Mystische Monster

Mystische Monster

Die unheimlichsten Kreaturen aus Legenden, Mythen und Medien

HERAUSGEGEBEN VON
Chris McNab

tosa

Bildnachweis: Abbildungen auf Seite 70–75: © Amber Books Ltd.,
alle anderen: © IMP AB

This translation of *Mystical Monsters* first published
in 2007 is published by arrangement with Amber Books Ltd.
Aus dem Englischen von Die Textwerkstatt, Langenlois
Druck: Tlačiarne BB. s.r.o., Slovakia

www.tosa-verlag.com

INHALT

EINLEITUNG

Godzilla

Leviathan

Dracula

Seit Menschen sich fürchten, gibt es Geschichten über Monster. Manche Monster – wie die Kyklopen, die Sphinx oder der Basilisk– entstammen Mythen und alten Schriften. Für die Antike waren sie keine Fantasiegebilde, sondern echte Bedrohungen ihres Alltags. Die alten Griechen waren überzeugt, ihnen stehe nach dem Tod eine Begegnung mit dem Höllenhund Cerberus bevor. Und Indianer in Nordamerika zitterten bei einem Gewitter vor dem Donnervogel.

Viele Legenden über alte Ungeheuer überlebten und erschreckten die Menschen noch Jahrhunderte später. Der Basilisk etwa, ein todbringendes Mischwesen, das der Römer Plinius zum ersten Mal vor 2000 Jahren beschrieb, wurde noch im 16. Jahrhundert gefürchtet – und gesichtet. 1587 soll ein Basilisk in Polen zwei kleine Mädchen getötet haben, die sich in einem Keller versteckten.

Doch wo stehen wir heute? Wissen wir nicht, dass Monster nur Fantasieprodukte sind? Sei da nicht so sicher. Viele der Monster in diesem Buch sind reine Erfindungen, klar. King Kong wurde 1933 für das Kino geschaffen und Godzilla war mehr als 50 Jahre lang

Chimäre

Krake

Alien

Chupacabra

Ungeheuer von Loch Ness

Bigfoot

ein Star in Filmen und Büchern. Dennoch schworen und schwören zahllose Zeugen in allen Zeiten, dass Ungeheuer genauso real sind wie du und ich – sie haben sie mit eigenen Augen gesehen! Tausende Menschen sagen zum Beispiel, sie wurden von Aliens entführt. Wissenschaftlern fehlt bis heute jede Erklärung für die Fußabdrücke des Yeti. Mehr als hundert Menschen behaupten, sie hätten 1966/67 den Mottenmann bei Point Pleasant in West Virginia gesehen. Und mehr als 1000 Menschen behaupten, sie seien 1909 dem Teufel von Jersey begegnet.

All diese Monstergeschichten schweben zwischen Fantasie und Wirklichkeit. Jeder weiß, dass manche Tiere reine Fabelwesen sind – aber die Menschen freuen sich über eine gute Geschichte. Oft bringen Skeptiker moderne Monstergeschichten mit einer wissenschaftlichen Erklärung in Misskredit – etwa: Bigfoot ist nur ein großer Affe. Doch was ist falsch daran zu glauben? Tausende Augenzeugen können nicht lügen, oder doch? Lass dich von Skeptikern nicht verwirren. Ganz insgeheim wollen auch sie an diese fremdartigen Wesen glauben.

Gorgone

Tokoloshe

King Kong

GEISTERHUND

FELL
Schwärzer als die Nacht schimmert es nicht im Mondlicht wie das Fell eines lebenden Hundes.

AUGEN
Manche sprechen von bösartig glühenden Augen, andere erwähnen schreckliche, leere schwarze Höhlen.

MAUL
Die Zähne sind erschreckend lang und scharf; fauliger, nach Schwefel riechender Speichel kann der Bestie von den Lefzen tropfen.

KLAUEN
Diese entspringen riesigen Pfoten, mit denen sich das Untier lautlos vorwärtsbewegt. Selbst in weichem Sandboden hinterlassen sie keine Spuren.

Eines Abends nimmt ein Mann auf dem Weg nach Hause die Abkürzung über den Klippenweg. Geschichten über einen Geisterhund glaubt er nicht. Unterwegs zieht Nebel auf und ihm wird plötzlich unnatürlich kalt. Doch er eilt weiter. Plötzlich steht er Auge in Auge einem riesigen, geisterhaften Hund gegenüber, in dessen Augen ein unirdisches Feuer glüht. Der Mann macht kehrt und rennt in wilder Panik davon – und stürzt entsetzlich schreiend über die Klippen in den Tod.

Dem Aberglauben zufolge bringt es Unglück oder sogar den Tod, wenn du in der Nacht einen Geisterhund mit schwarzem Fell und glühenden Augen siehst. Mit seinen dämonischen roten Augen erschreckt er nachts einsame Reisende. Bevor er erscheint, verspürt man ein unnatürliches Frösteln, heißt es. Die meisten Geschichten stammen aus Großbritannien, doch meinen Fachleute, die Wikinger hätten sie aus Skandinavien mitgebracht. Oft treten Hunde in Kirchen auf. Der Geisterhund, der 1577 die Kirche in Blythburgh in Suffolk besuchte, tötete drei Menschen. Geisterhundgeschichten inspirierten auch Sir Arthur Conan Doyle zu seinem Sherlock-Holmes-Roman *Der Hund der Baskervilles*.

WO GIBT'S DAS?

Die meisten Erzählungen über Geisterhunde stammen aus England und Irland. Doch auch in Skandinavien, Deutschland, Frankreich und sogar im fernen Neuschottland in Kanada und in einigen östlichen Staaten der USA wurde er vereinzelt gesichtet.

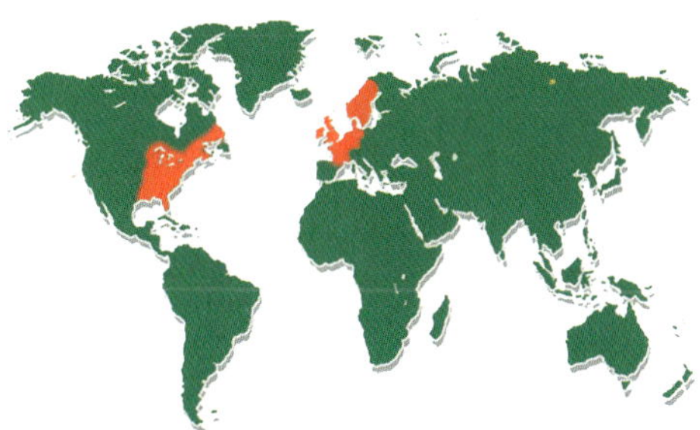

WISSENSWERTES AM RANDE

- Der früheste Bericht über einen Geisterhund stammt aus dem Jahr 856 n. Chr. Damals tauchte er in Frankreich in einer Kirche auf, obgleich die Türen geschlossen waren. In der Kirche wurde es dunkel, als er im Mittelschiff auf und ab ging, als ob er jemanden suchte. Dann verschwand er ebenso plötzlich, wie er erschienen war.

- In Missouri in den USA warf ein Jäger einmal mit einer Axt nach einem riesigen Geisterhund. Die Axt fuhr einfach durch dessen geisterhaften Körper hindurch.

SCHWARZER MANN

AUGEN
Die großen, dunklen, vorstehenden Augen des Schwarzen Mannes sind ideal für die Lichtverhältnisse unter dem Bett und im Kleiderschrank.

HAUT
Der Schwarze Mann hat eine Haut voll Warzen und Furunkeln und gibt sie gern weiter. Wenn du eine Warze hast, hat er dich vielleicht des Nachts besucht.

NASE
Seine Nase ist breit und dick, ideal, um junge Opfer zu erschnüffeln.

FINGERNÄGEL
Die langen und entsetzlich scharfen Nägel zerfetzen Bettdecken, unter denen sich seine erstarrten Opfer verstecken.

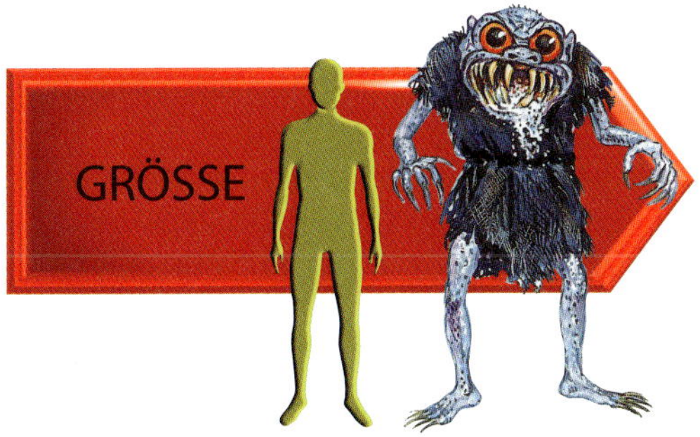

Wenn du am Abend das Licht ausmachst, wird dein Zimmer plötzlich ein geheimnisvoller Ort voller fremder Schatten und unheimlicher Geräusche. Dies ist das Reich des Schwarzen Mannes, eines der häufigsten und am meisten gefürchteten Monster Nordamerikas. Meist erscheint er, wenn du schläfst. Auch bei uns drohen Eltern ihren aufsässigen Kindern manchmal mit dem Besuch dieses Scheusals.

Ein kleiner Junge liegt im Bett, starr vor Angst: Das Mondlicht scheint durch die Vorhänge und wirft bizarre Schatten auf seine Bettdecke. Sein großer Bruder hat ihm gedroht, dass der Schwarze Mann ihn holen werde, wenn er unartig ist. Er hat gesehen, dass sich sein Bruder für eine Halloween-Party als Monster verkleidet hat, und rechnet mit gruseligem Besuch. Da – der Türspalt wird breiter und breiter, und der Junge entdeckt einen Schatten, der vor dem hereinfallenden Licht wächst und Form annimmt. Die Tür öffnet sich ganz und im Gegenlicht erscheint eine riesige Silhouette. Überzeugt, dass ihm sein Bruder einen Streich spielen will, wirft der Junge die Decke zurück und stellt sich aufs Bett. „Hör auf, das ist nicht lustig!", ruft er. Doch die Figur schlurft näher und näher. Als die rätselhafte Gestalt riesengroß an seinem Bett aufragt, fragt sich der Junge allmählich, ob das überhaupt sein Bruder ist …

WO GIBT'S DAS?

Der Schwarze Mann tritt vor allem in Nordamerika auf, wo viele Städte und Bezirke ihre eigenen Legenden rund um dieses schreckliche Wesen besitzen. Geschichten vom Schwarzen Mann werden auch in Großbritannien, vor allem in Schottland, erzählt.

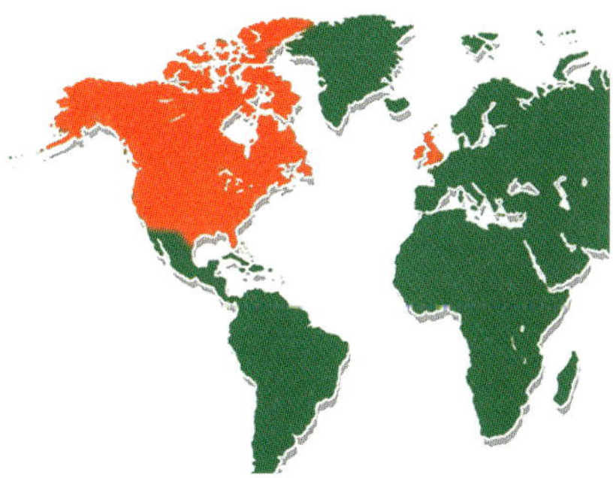

WISSENSWERTES AM RANDE

- Amerikanische Gemeinden geben dem Schwarzen Mann oft eigene Namen wie „The Shape" („Der Schatten"), „Rawhead Rex" oder „The Hook" („Der Haken").

- Auf Englisch heißt er Bogeyman. Dieser Name stammt vermutlich aus Schottland, wo böswillige Kobolde bogles, bogeys und boggarts genannt werden.

- Im Mittleren Westen der USA gibt es eine Schwarze Frau, die an Schlafzimmerfenstern kratzt, um kleine Kinder zu erschrecken. Auch in England gibt es einen weiblichen Bogeyman: Jenny Greenteeth in Lancashire. Sie verfolgt Kinder, die zu dicht an Flüssen oder Teichen spielen. Grüner Schleim auf der Wasseroberfläche gilt als Zeichen dafür, dass sie in der Nähe ist.

CHUPACABRA

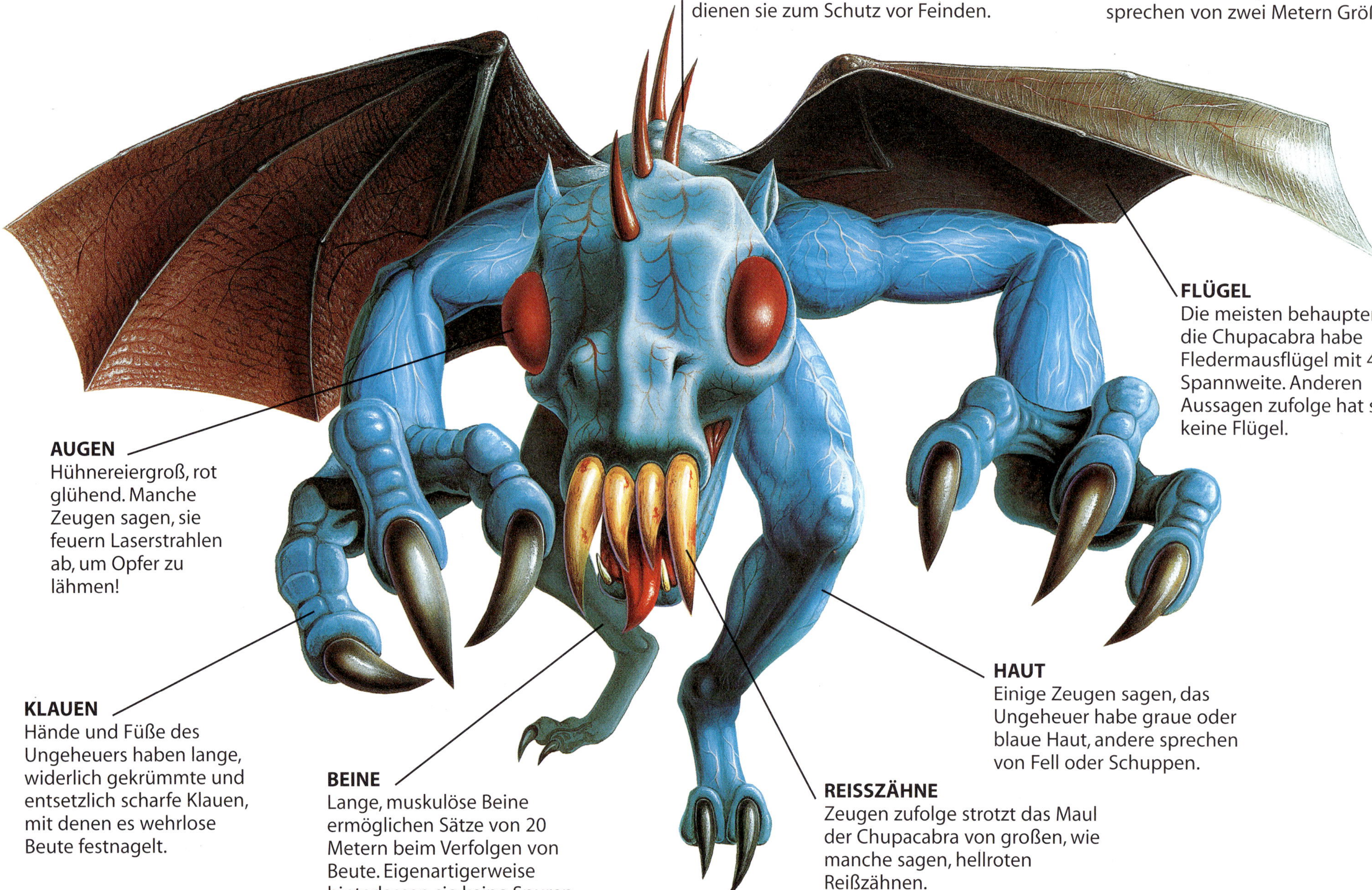

STACHELN
Stacheln durchdringen die Haut des Ungeheuers auf Kopf und Nacken. Ihre Funktion ist unbekannt, vielleicht dienen sie zum Schutz vor Feinden.

GRÖSSE
Hier widersprechen sich die Berichte. Manche sagen, sie sei einen Meter hoch, andere sprechen von zwei Metern Größe.

FLÜGEL
Die meisten behaupten, die Chupacabra habe Fledermausflügel mit 4 m Spannweite. Anderen Aussagen zufolge hat sie keine Flügel.

AUGEN
Hühnereiergroß, rot glühend. Manche Zeugen sagen, sie feuern Laserstrahlen ab, um Opfer zu lähmen!

KLAUEN
Hände und Füße des Ungeheuers haben lange, widerlich gekrümmte und entsetzlich scharfe Klauen, mit denen es wehrlose Beute festnagelt.

BEINE
Lange, muskulöse Beine ermöglichen Sätze von 20 Metern beim Verfolgen von Beute. Eigenartigerweise hinterlassen sie keine Spuren.

REISSZÄHNE
Zeugen zufolge strotzt das Maul der Chupacabra von großen, wie manche sagen, hellroten Reißzähnen.

HAUT
Einige Zeugen sagen, das Ungeheuer habe graue oder blaue Haut, andere sprechen von Fell oder Schuppen.

Eine Chupacabra schwebt heran und landet lautlos zwischen den Bäumen in der Nähe einer kleinen Ziegenherde – ein unruhiger Schatten vor dem Nachthimmel. Die Ziegen spüren die Gefahr, schnuppern nervös, meckern dann in Panik, als das Ungeheuer auf sie zukommt, unglaublich schnell auf seinen langen Beinen. Vor Angst und durch den üblen, schwefligen Geruch der Chupacabra gelähmt, sind sie unfähig zu fliehen. Das Monster packt das erste Opfer mit den Klauen, schlägt seine Reißzähne in seine Brust und saugt sein Blut bis auf den letzten Tropfen aus. Erst als die letzte Ziege tot ist, bricht es auf und sucht neue Opfer – denn der Durst einer Chupacabra ist unstillbar. Sie hinterlässt keine Spuren.

Bauern und Behörden machen dieses blutsaugende, fledermausartige Untier für das brutale Morden von Haus- und Nutztieren in Mittel- und Südamerika verantwortlich. 1995 tauchten die ersten Berichte über ein stacheliges, übelriechendes Ungeheuer mit Fangzähnen auf. Es lauert seinen Opfern im Dunkeln auf und saugt ihnen dann das Blut aus – sein Name bedeutet „Ziegensauger", nach seinem ersten Opfer. Manche halten die Chupacabra für einen Außerirdischen, andere machen Versuche des amerikanischen Militärs für ihre Entstehung verantwortlich.

WO GIBT'S DAS?

Die Chupacabra ist in ganz Mittel- und Südamerika bekannt. Auch im Süden der USA, in Kalifornien, Arizona, Texas und Florida wurde sie gesehen. Die meisten Berichte stammen aus Puerto Rico, einer Insel, die 1600 km südöstlich von Florida liegt.

WISSENSWERTES AM RANDE

- Zwei brasilianische Fischer behaupten, sie hätten eine Chupacabra erschossen und besäßen noch den Kopf – doch den lassen sie niemanden untersuchen.
- Der Bürgermeister von Canovanas, einer Stadt auf Puerto Rico, leitet Chupacabra-Suchtrupps, bewaffnet mit einem Kruzifix und einem Gewehr. Er stellt rings um die Stadt auch Fallen auf, um eines dieser scheuen Wesen zu fangen.
- 1996 feuerte ein mexikanischer Polizist aus kurzer Distanz auf eine Chupacabra – doch seine Kugeln hatten keine Wirkung, das Ungeheuer entkam.
- Angriffe auf Menschen sind selten, doch eine Krankenschwester in Mexiko verlor Berichten zufolge einen Arm in den Reißzähnen einer Chupacabra.

GOGMAGOG

KOPF
Wirre Haare, Hängemaul und Schweinsaugen – nach menschlichen Begriffen war Gogmagog unglaublich hässlich.

STATUR
Gogmagog war fast vier Meter groß und so stark, dass er Bäume mit ihren Wurzeln ausreißen konnte.

KÖRPER
Beeindruckende Muskeln, bekleidet mit grob zusammengenähten Tierfellen.

WAFFEN
Manchmal nahm der Riese eine Keule, manchmal eine riesige Streitaxt, bisweilen auch einen Morgenstern.

FÜSSE
Der Boden bebte, als Gogmagog auf seinen riesigen Füßen umherstapfte.

Nur 20 Riesen entgehen den tödlichen Fallen der Trojaner, unter ihnen Gogmagog, der stärkste. Er wartet, bis die Eindringlinge ein Fest für ihre Götter feiern, und führt dann die anderen in einen mächtigen Angriff. Die tobenden Riesen zerreißen viele Trojaner in Stücke, während Gogmagog sie einfach hochhebt und mit einer Hand zerquetscht. Doch Brutus und Corineus sammeln ihre Männer neu und die Riesen werden einer nach dem anderen überwältigt.

Gogmagog war einer der letzten der mächtigen Riesen von Albion, einer dämonischen Rasse aggressiver Wesen, die im heutigen Großbritannien lebten. Sie wurden von einer verbannten Tochter des römischen Kaisers Diokletian und einem Dämon gezeugt. Trotz ihrer großen Macht wurden sie von einer Invasion von Trojanern angegriffen. Zunächst trieben die Riesen die Soldaten zurück, doch ihre Armee wurde besiegt, als die Trojaner versteckte Gräben mit Pfählen darin zogen. Die Riesen töteten viele trojanische Krieger, waren aber gegen ihre überlegene Kampftechnik machtlos. Schließlich war nur noch Gogmagog übrig. Er wurde schließlich von dem trojanischen Krieger Corineus getötet.

WO GIBT'S DAS?

Der Legende nach landeten die Trojaner in Albion (Britannien) entweder beim heutigen Totnes oder beim heutigen Southampton. Gogmagog kam am Meer bei Totnes ums Leben, wo ein Felsen bis heute den Namen Lan-Goenagog („Riesensprung") trägt.

WISSENSWERTES AM RANDE

- Der Legende nach taufte der Krieger Brutus Albion nach sich selbst „Britannien", und der Krieger Corineus nannte seinen Anteil, den Westen des Landes, nach sich selbst „Cornwall".
- Viele verbinden die Namen Gog und Magog mit den feindlichen Mächten Satans, die kurz vor dem Ende der Welt erscheinen sollen.
- Sagen von Riesen sind in Großbritannien möglicherweise von riesigen prähistorischen Figuren inspiriert, die in die Kreidefelsen gemeißelt sind.

GOLEM

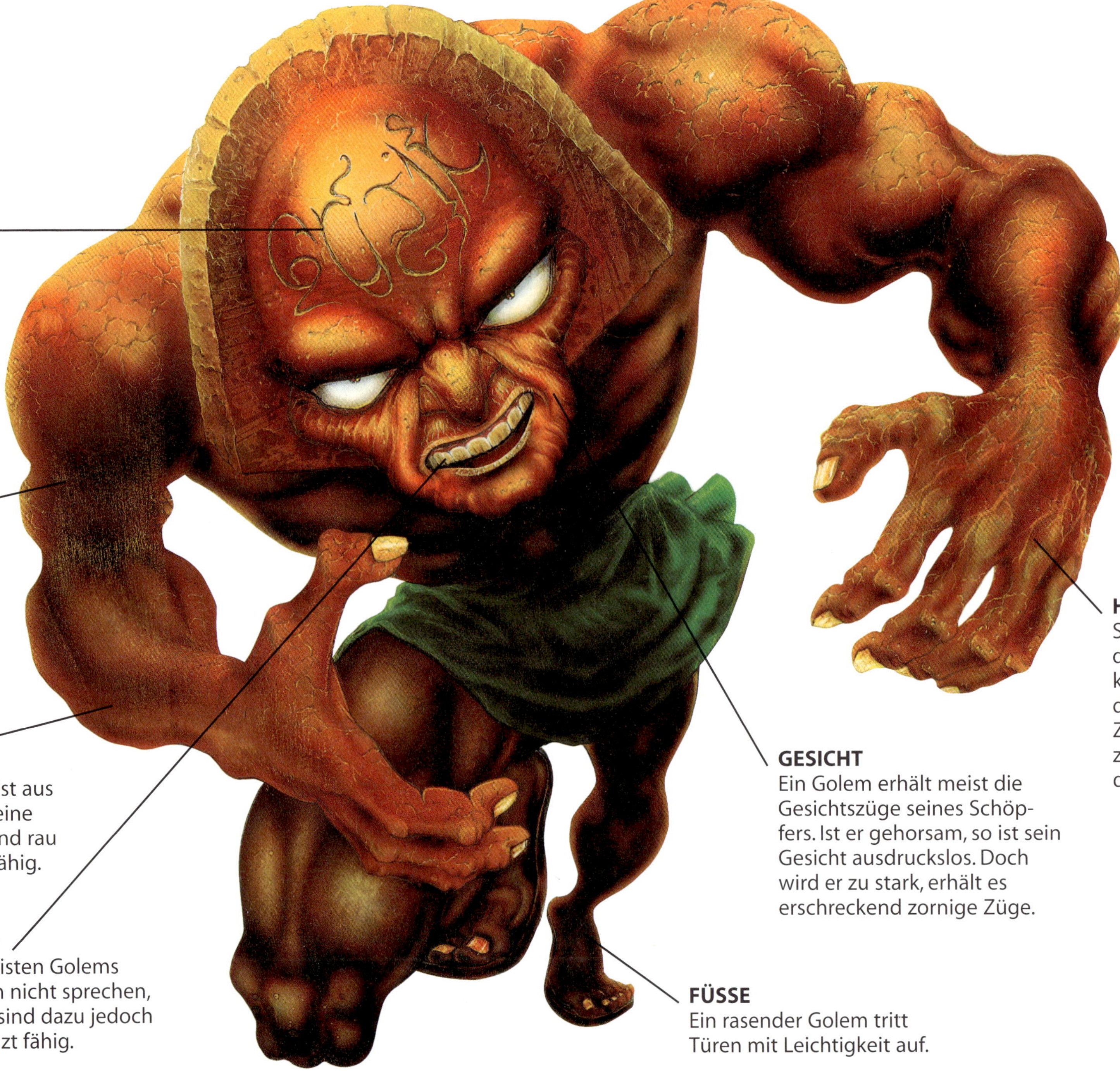

STIRN
Um einen Golem zum Leben zu erwecken, reicht es, auf seine Stirn ein besonderes Wort zu schreiben. Es zu löschen, ist die einzige Methode, das Ungeheuer zu töten.

MUSKELN
Wenn man ihn lässt, wird ein Golem unglaublich stark. In der Raserei wirft er mit Felsbrocken um sich, als wären es Kieselsteine.

HAUT
Ein Golem besteht meist aus Ton, Stein oder Holz. Seine „Haut" ist daher hart und rau und sehr widerstandsfähig.

MUND
Die meisten Golems können nicht sprechen, einige sind dazu jedoch begrenzt fähig.

HÄNDE
Sie werden ständig größer und kräftiger und sind das wichtigste Zerstörungswerkzeug eines tobenden Golems.

GESICHT
Ein Golem erhält meist die Gesichtszüge seines Schöpfers. Ist er gehorsam, so ist sein Gesicht ausdruckslos. Doch wird er zu stark, erhält es erschreckend zornige Züge.

FÜSSE
Ein rasender Golem tritt Türen mit Leichtigkeit auf.

Ein Golem ist keines der üblichen Fabelwesen. Er wird aus Ton, Holz oder Stein gemacht und dann von seinem Schöpfer zum Leben erweckt. Zunächst lebt er als Wächter und Beschützer seines Erzeugers und gehorcht diesem aufs Wort. Doch merkwürdigerweise wird der Golem mit jedem Tag größer und stärker. Hier liegt die Gefahr. Wenn er zu groß wird, kann er aus der Kontrolle geraten. Und dann muss ihn sein Erzeuger zerstören und neu schaffen, bevor er zur Gefahr für die Allgemeinheit wird.

Der unkonzentrierte Schöpfer eines Golems hat verabsäumt, seine Kreatur zu töten, und dieser ist so riesig und übermächtig geworden, dass er nun das Haus seines Herrn in Trümmer legt. Falls es niemandem gelingt, das magische, lebensspendende Wort von der Stirn des Golems zu löschen, wird dieser schließlich alles und jeden auf seinem Weg durch die Welt zerstören.

WO GIBT'S DAS?

Früher wurden Golems meist in Mitteleuropa hergestellt. Doch sie können aus so vielen – und aus so leicht verfügbaren – Materialien erzeugt werden, dass ein Zauberer fast jederzeit fast überall auf der Welt einen Golem schaffen kann.

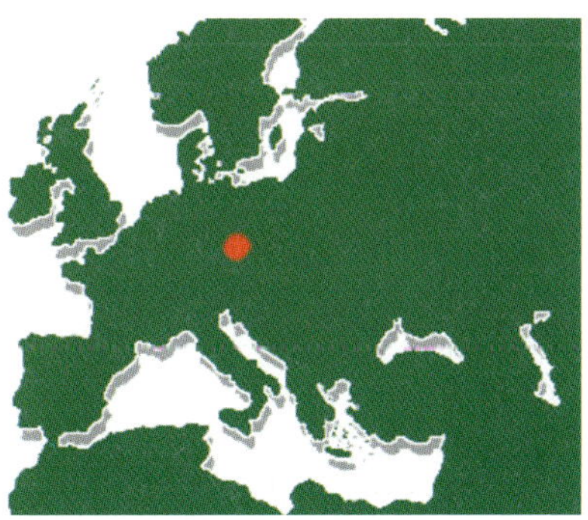

WISSENSWERTES AM RANDE

- In Tibet gibt es besondere Golems, die „tulpa", die Befehlen gehorchen, aber auch eine eigene Persönlichkeit entwickeln können.
- Vietnamesische Zauberer, die Thay Phap, fertigen menschliche Puppen aus Holz oder Stroh an, hauchen ihnen Leben ein und befehlen ihnen, zu rauben und zu töten.
- In Spanien wurde im 11. Jahrhundert der Philosoph Solomon ibn Gabirol von der Zauberei freigesprochen, nachdem er eingewilligt hatte, seinen weiblichen Golem zu töten.

LEVIATHAN

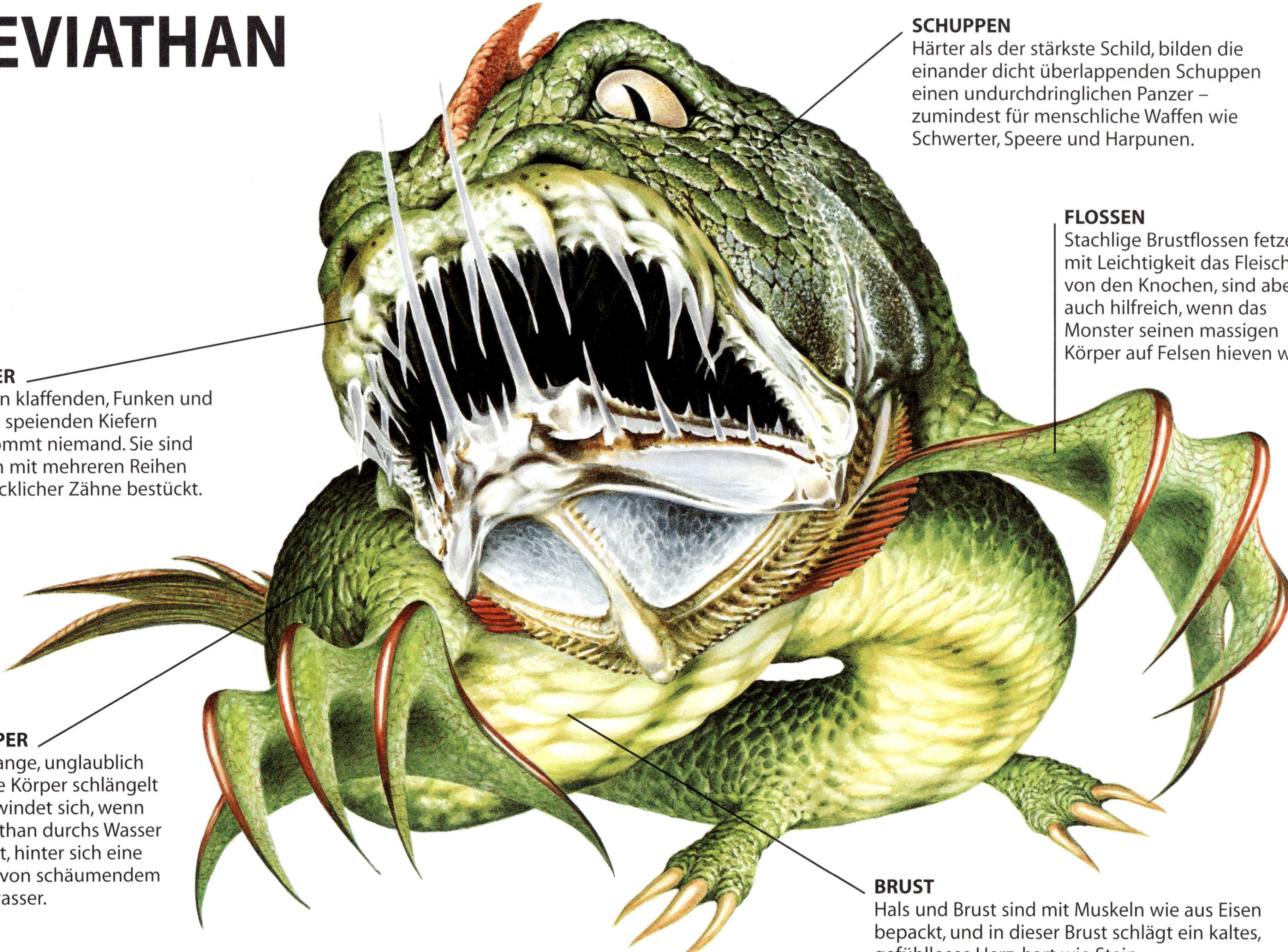

SCHUPPEN
Härter als der stärkste Schild, bilden die einander dicht überlappenden Schuppen einen undurchdringlichen Panzer – zumindest für menschliche Waffen wie Schwerter, Speere und Harpunen.

FLOSSEN
Stachlige Brustflossen fetzen mit Leichtigkeit das Fleisch von den Knochen, sind aber auch hilfreich, wenn das Monster seinen massigen Körper auf Felsen hieven will.

KIEFER
Diesen klaffenden, Funken und Feuer speienden Kiefern entkommt niemand. Sie sind gleich mit mehreren Reihen schrecklicher Zähne bestückt.

KÖRPER
Der lange, unglaublich starke Körper schlängelt und windet sich, wenn Leviathan durchs Wasser pflügt, hinter sich eine Spur von schäumendem Kielwasser.

BRUST
Hals und Brust sind mit Muskeln wie aus Eisen bepackt, und in dieser Brust schlägt ein kaltes, gefühlloses Herz, hart wie Stein.

Der Leviathan peitscht mit seinem mächtigen Schwanz das Wasser auf und erzeugt eine schäumende Flutwelle, die immer höher und immer schneller wird und ein ganzes Fischerdorf überrollt. Die Hütten zerbrechen wie Streichhölzer, schreiende Opfer werden in den Tod gespült. Ein paar Augenzeugen können sich auf Bäume retten und müssen hilflos zusehen, wie das Ungeheuer aus dem Meer auftaucht, sich an seinem Erfolg weidet und jeden verschlingt, der ins offene Meer hinausgetrieben wird.

Dieses urtümliche Seeungeheuer beherrscht die Küsten der Welt und alle Lebewesen im Meer. Es ist das personifizierte Chaos, das Böse, in seinem schäumenden Kielwasser lauern Tod und Verderben. Sein Körper stinkt wie ein verrottender Leichnam und täglich trinkt es ganze Flüsse aus. Sein brennheißer Atem bringt das Meer zum Kochen, und wenn es niest, quillt Rauch aus seiner Nase. Erstmals wird der Leviathan in Schöpfungsmythen des Nahen Ostens erwähnt – vor 5000 Jahren. Hebräischen Texten zufolge schuf Gott den Leviathan und sein Weib am fünften Tag der Schöpfung, tötete aber das Weib sofort, um Nachwuchs zu verhindern, der die Welt aus dem Gleichgewicht heben würde.

WO GIBT'S DAS?

Der Leviathan wird zuerst in frühen hebräischen Texten erwähnt, um 3000 v. Chr. Die Hebräer besiedelten die Türkei, Syrien, Jordanien, Israel, den Irak und den Iran – doch das Ungeheuer ist in allen Meeren der Welt zu finden.

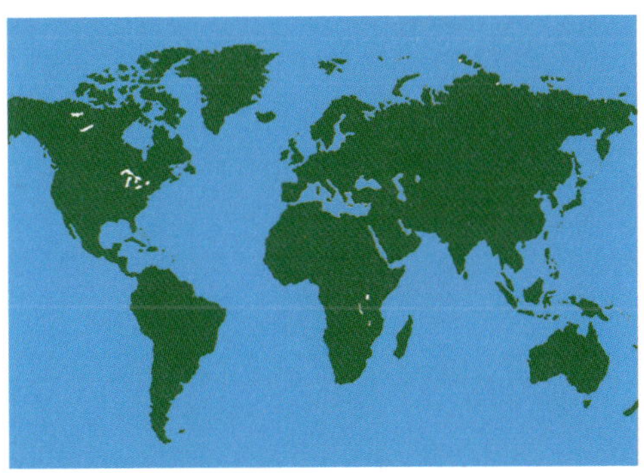

WISSENSWERTES AM RANDE

- Frühe Darstellungen des Leviathan auf Siegeln und Waffen zeigen das Ungeheuer mit sieben Köpfen.
- Die Christen haben den Leviathan mit Satan gleichgesetzt und sein ungeheures Maul ist für sie das Tor zur Hölle.
- Die meisten Fische schwimmen bereitwillig in Leviathans Maul, bis auf den kleinen Stichling. Vor diesem fürchtet er sich. Denn der Stichling wurde geschaffen, um ihn in Schach zu halten.

MEERJUNGFRAU

HAARE
Wallende Locken sind der ganze Stolz einer Meerjungfrau. Sie schaut stundenlang in einen silbernen Spiegel und kämmt ihre schimmernde Pracht.

HAUT
Die makellose Haut einer Meerjungfrau wirkt im Wasser blass und durchscheinend, vielleicht auch ein wenig grünlich.

OBERKÖRPER
Oberhalb der Taille sieht die Meerjungfrau wie eine wunderschöne Frau aus. Sie ist vor allem für einsame Seeleute sehr attraktiv.

UNTERKÖRPER
Anstelle von Beinen besitzt die Meerjungfrau einen schuppigen Fischschwanz mit breiter Finne, der sie blitzschnell durchs Wasser gleiten lässt.

SCHMUCK
Eine Meerjungfrau ist unglaublich eitel. Oft schmückt sie sich mit Perlenketten und anderem gestohlenen Schmuck.

Ein Schiff ist seit Monaten auf hoher See, als es in einen Sturm gerät. Während ihr Schiff im hohen Seegang stampft und rollt, holen die Seeleute rasch die Segel ein und kämpfen darum, ihr Schiff flott zu halten. Doch bald hören sie eine verführerische Stimme, die den Lärm der Wellen übertönt. Einer nach dem anderen vergessen sie ihre Pflichten und sammeln sich auf einer Seite des Decks, um diesem wunderbaren Klang zu lauschen. Und das Schiff treibt unaufhaltsam auf ein paar scharfkantige Felsen zu. Als sie eine verlockende Frauenfigur erspähen, beginnen die Seeleute zu rufen, blind für die Gefahr, in der sie schweben. Das Schiff zerschellt an den Felsen, vergeblich kämpfen sie gegen das Ertrinken an. Das Letzte, was jeder hört, ist das fröhliche Lachen der Meerjungfrau, während das Schiff versinkt.

Meerjungfrauen sind wunderschöne, kostbare Wesen, die man manchmal auf Felsen an der Küste findet, manchmal schwimmen sie auch im Meer. Die älteste Geschichte über diese halb menschlichen Seewesen stammt aus Babylon (heute im Irak) und ist 7000 Jahre alt. Sie können die Seeleute, die sie entdecken, mit einem Fluch belegen. Wo immer sie auftauchen, sind ein Sturm, Schiffbruch und Ertrunkene die Folge. Meerjungfrauen verhexen die Seeleute mit ihrer Schönheit und ihrem Gesang.

WO GIBT'S DAS?

Meerjungfrauen leben in allen Meeren der Welt. Seeleute entdecken sie meist, wenn sie auf Felsen an der Küste sitzen oder im offenen Meer spielen; manche schwimmen jedoch auch die Flüsse hinauf und leben im Binnenland.

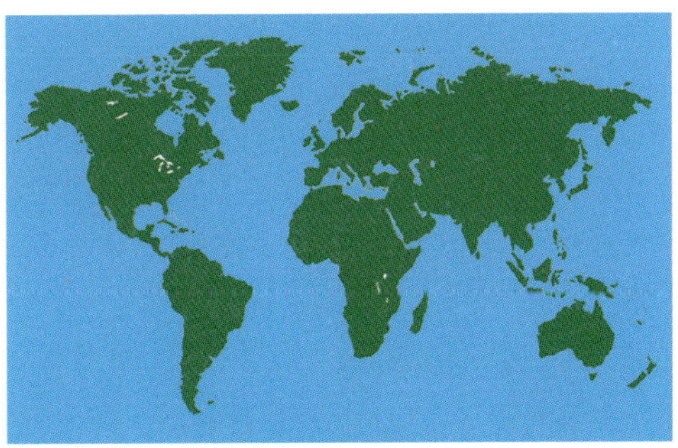

WISSENSWERTES AM RANDE

- Meerjungfrauen horten angeblich große Schatztruhen voller Gold, Juwelen und anderer Wertsachen, die sie aus den Rümpfen versunkener Schiffe bergen.
- Im 16. Jahrhundert besuchte eine Meerjungfrau einen Mönch auf der Insel Iona vor Schottland und bat um eine Seele. Als der Mönch von ihr verlangte, das Meer endgültig zu verlassen, verließ sie weinend die Insel. Ihre Tränen verwandelten sich in graugrüne Kiesel, die bis heute am Strand liegen.
- 1961 schrieb die Tourismusorganisation der Isle of Man einen Preis für jeden aus, der eine Meerjungfrau fing. Niemand gewann den Preis, aber viele Meerjungfrauen wurden gesichtet.

MUMIE

HAUT UND LIPPEN
Beim Einbalsamieren trocknet der Körper vollständig aus. Lippen, Haut und andere Gewebe werden faltig und rissig. In Filmen hinterlässt die Mumie eine eklige Spur von Hautfetzen auf ihrem Weg.

AUGEN
Die Balsamierer ersetzten die Augen des Toten durch Steine. In Filmen glühen die Augen der Mumien auf geheimnisvolle Weise von innen.

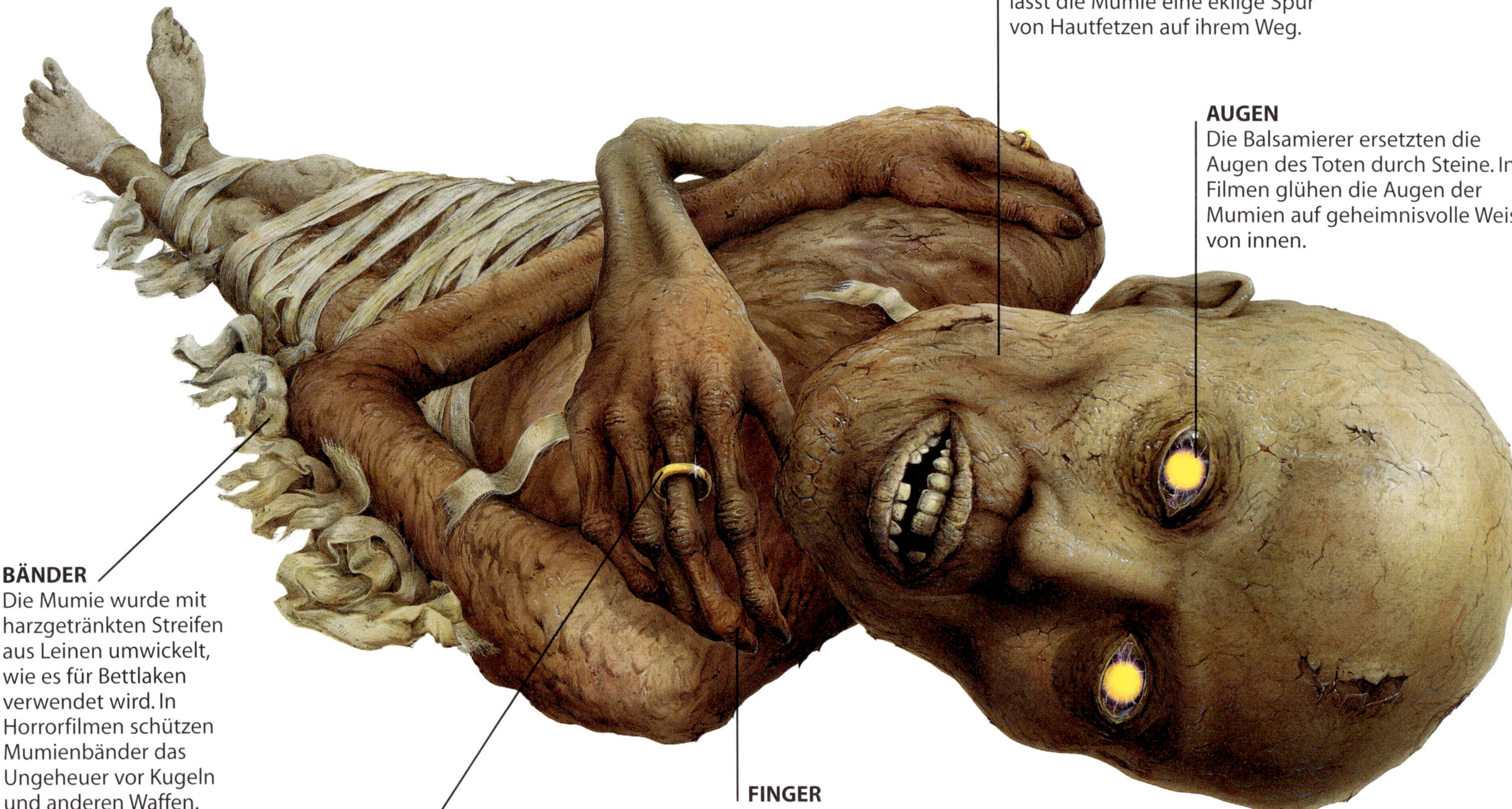

BÄNDER
Die Mumie wurde mit harzgetränkten Streifen aus Leinen umwickelt, wie es für Bettlaken verwendet wird. In Horrorfilmen schützen Mumienbänder das Ungeheuer vor Kugeln und anderen Waffen.

ZAUBER
Zauber, etwa in Form magischer Ringe, gaben der Mumie große Macht.

FINGER
In Filmen sind die Finger besonders lang und kräftig, ideal, um jemanden zu erwürgen.

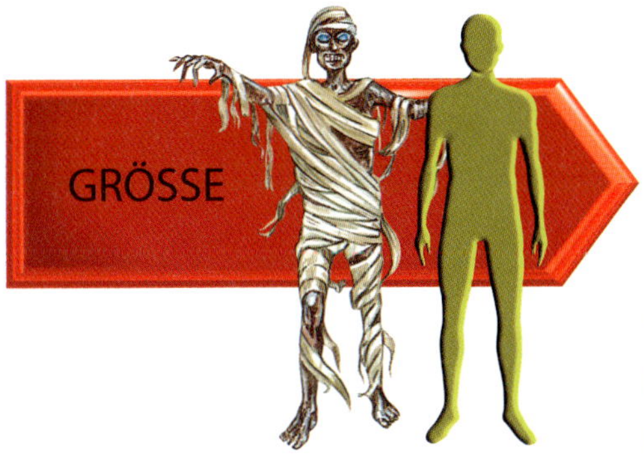

Die alten Ägypter meißelten massive Drohungen auf die Gräber ihrer einbalsamierten Könige: Wer es wagte, das Grab zu stören, der riskierte den Fluch der Mumie … Eine Mumie ist ein einbalsamierter Körper, der über Jahrtausende erhalten blieb. Umhüllt mit Leinenbahnen, eingemauert mit Gold, Juwelen und anderen Schätzen, wird er von einem Fluch geschützt. In Horrorfilmen wird die Mumie lebendig, um an Ägyptologen und Grabräubern, die es wagen, das Grab zu betreten, Rache zu nehmen.

Zwei Ägyptologen und ihre Arbeiter hacken seit Wochen an den Felsen herum, und nun ist die Grabtür freigelegt. Darüber erscheint in Hieroglyphen eine massive Drohung. Die Arbeiter werden unruhig, doch die Ägyptologen zerstreuen ihre Befürchtungen. Mit schweren Äxten zerschlagen die Arbeiter die Tür. Der leitende Ägyptologe hält seine Fackel hoch und betritt das Grab, dicht gefolgt von seinem Kollegen. Er sieht sich staunend um, als das Licht seiner Fackel von kostbaren, mit Gold und Edelsteinen besetzten Gegenständen widergespiegelt wird. Da – eine Bewegung. Er sieht, wie sich ein massiver Steinsarkophag öffnet und eine riesige Mumie erscheint. Sie taumelt mit ausgestreckten Armen auf ihn zu. Starr vor Angst, steht der Ägyptologe hilflos da, während sich die kraftvollen Hände der Mumie um seinen Hals legen – und zudrücken.

WO GIBT'S DAS?

Die bekanntesten Mumiengräber liegen im Tal der Könige in Ägypten. Die Mumie von Tutenchamun liegt hier bis heute in ihrem Grab in der Nähe der antiken Städte Theben und Luxor am Nil. Auch bei Abydos, 150 km flussabwärts, gibt es Mumiengräber.

WISSENSWERTES AM RANDE

- Im Mittelalter verkauften Ärzte oft echtes oder gefälschtes Mumienfleisch und Mumienbinden in pulverisierter Form als Medizin. Es sollte alles heilen, von Abszessen bis Zipperlein.
- Ende der 1990er-Jahre gründeten Wissenschaftler im Museum in Manchester eine Mumienstoffbank. Von jeder Mumie in irgendeinem Museum auf der ganzen Welt wird hier zu Forschungszwecken eine Stoffprobe aufbewahrt.
- Die ägyptischen Priester versuchten auf vielerlei Weise die Königsgräber zu schützen, nicht nur mit Flüchen und Verwünschungen. Sie bauten große Granittüren und geheime Pforten.

TOKOLOSHE

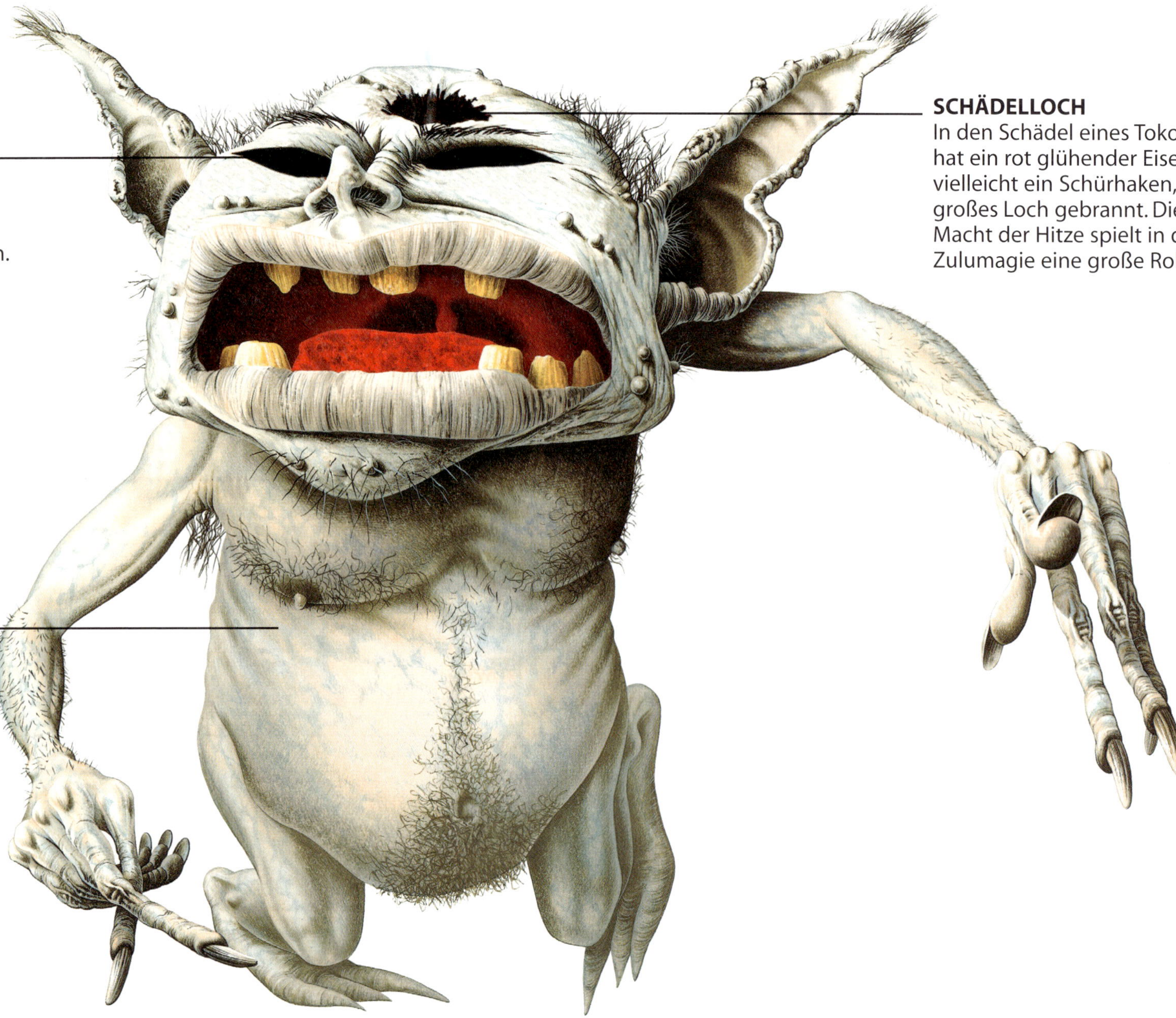

AUGEN
Die Augen wurden dem Tokoloshe ausgestochen, doch er findet seine Ziele mit seinen anderen Sinnen.

SCHÄDELLOCH
In den Schädel eines Tokoloshe hat ein rot glühender Eisenstab, vielleicht ein Schürhaken, ein großes Loch gebrannt. Die Macht der Hitze spielt in der Zulumagie eine große Rolle.

KÖRPER
Der Körper des Tokoloshe ist grau und verwittert und viel kleiner als der Leichnam, aus dem er angefertigt wurde.

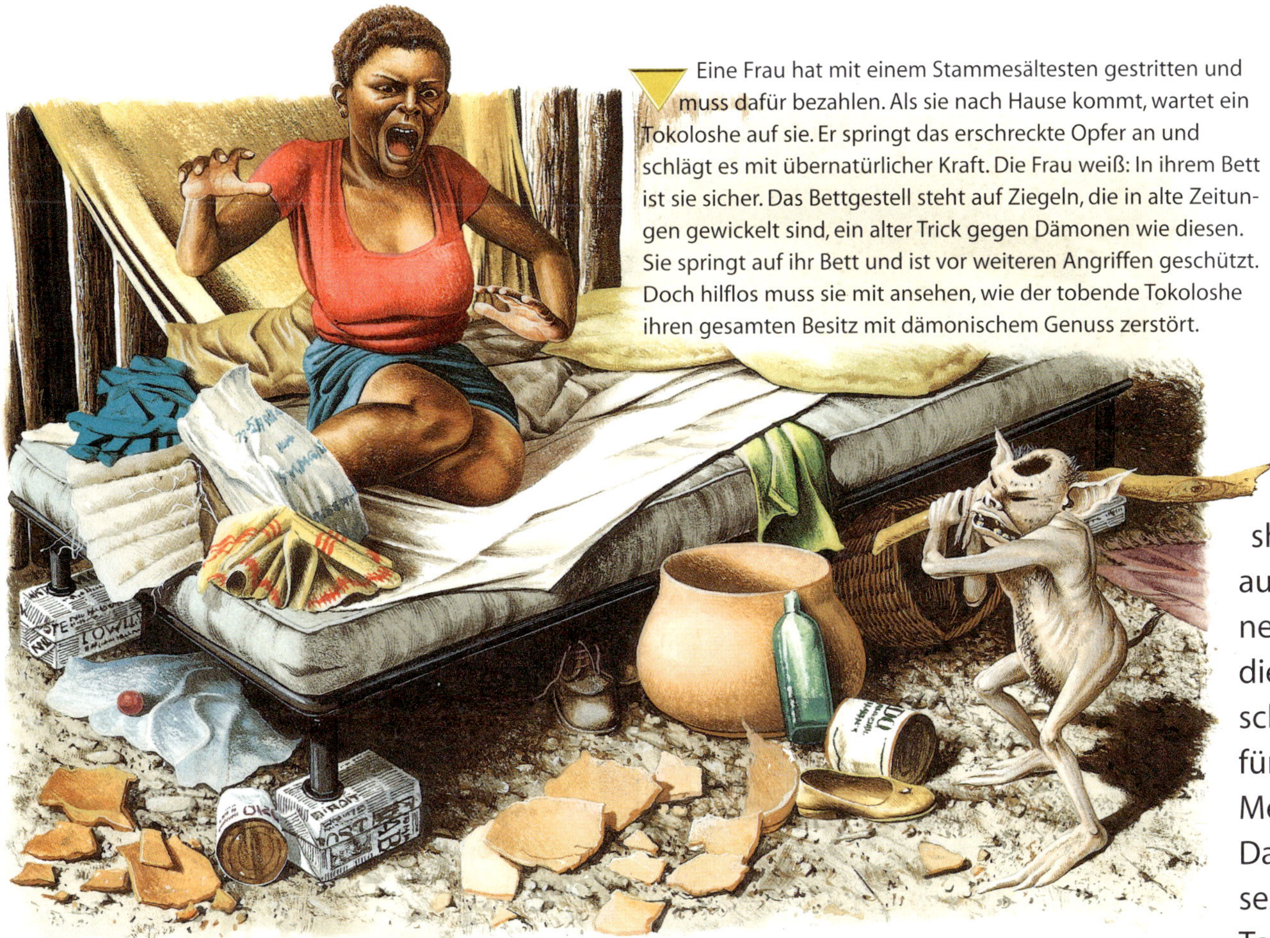

Eine Frau hat mit einem Stammesältesten gestritten und muss dafür bezahlen. Als sie nach Hause kommt, wartet ein Tokoloshe auf sie. Er springt das erschreckte Opfer an und schlägt es mit übernatürlicher Kraft. Die Frau weiß: In ihrem Bett ist sie sicher. Das Bettgestell steht auf Ziegeln, die in alte Zeitungen gewickelt sind, ein alter Trick gegen Dämonen wie diesen. Sie springt auf ihr Bett und ist vor weiteren Angriffen geschützt. Doch hilflos muss sie mit ansehen, wie der tobende Tokoloshe ihren gesamten Besitz mit dämonischem Genuss zerstört.

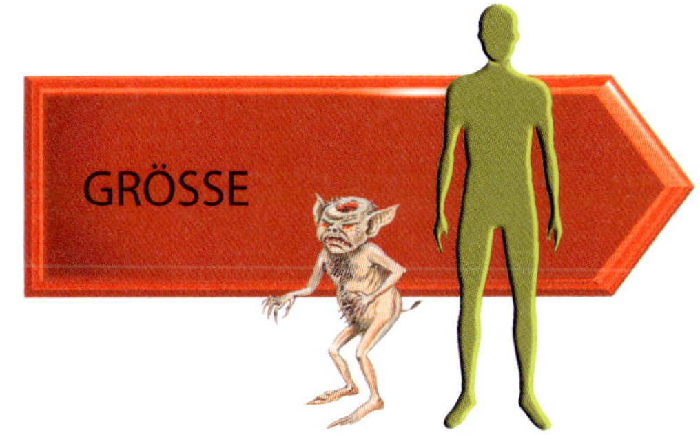

Der Tokoloshe ist ein eigenartiges kleines Wesen in Südafrika, eine Kreuzung aus Zombie, Poltergeist und Kobold. Tokoloshes werden von Schamanen oder Zauberärzten aus Leichen erzeugt, meist dann, wenn der Schamane vorher beleidigt wurde. Obgleich Tokoloshes nur die Größe kleiner Kinder besitzen (die Leichen schrumpfen bei der Umwandlung), können sie fürchterliche Zerstörung anrichten. Sie greifen Menschen und Besitz an, meist infolge eines Fluchs. Das Schlimmste daran: Nur der Verfluchte kann sie sehen, für alle anderen sind sie unsichtbar. Ist ein Tokoloshe einmal erzeugt, so wandert er umher und richtet Unheil und Zerstörung an.

WO GIBT'S DAS?

Tokoloshes wurden überall in Südafrika gesichtet, doch besonders aktiv sind sie in Kwazulu-Natal, dem Zulustaat im Osten Südafrikas. Doch keine Gegend ist vor den Übeltätern sicher. Ist ein Tokoloshe erst einmal geschaffen, weiß niemand, wo er als Nächstes auftaucht.

WISSENSWERTES AM RANDE

- Tokoloshes haben ein besonderes Auge auf Schulkinder geworfen. Oft zerkritzeln sie ihre Schulbücher oder zerstören ihre Hausaufgaben, damit sie Ärger mit ihren Lehrern bekommen.
- Unglück basiert bei den Zulus meist auf Zauberei. Mutmaßliche Hexen und ihre Familien werden getötet und ihr Besitz fällt an den Stammeshäuptling.
- Aus irgendeinem Grund werden reiche Dorfbewohner viel häufiger der Zauberei beschuldigt als arme Leute.

TROLL

HALTUNG
Wegen seines gekrümmten Körpers geht der Troll ständig gebeugt.

KOPF
Unförmig, aufgequollen und jedenfalls zu groß für den Körper.

GESICHT
Vom ständigen Leben in der Dunkelheit ist das Gesicht der Trolle bleich. Es wird von tiefen Falten durchzogen.

KÖRPERBEHAARUNG
Ein großer Teil des Körpers ist mit struppigem Haar bedeckt.

BART
Ein dichter Bart ist typisch für Trolle. Er rahmt das Gesicht mit einem dunklen Haarkranz.

GRÖSSE
In den frühesten Geschichten waren Trolle Riesen, doch später ist die Rede von elfenartigen Wesen, die kleiner als Menschen sind.

DOLCH
Trotz seiner ungeheuren Stärke kann ein Troll auch Waffen wie diesen Dolch tragen.

Eine Trollfrau verlässt gerade den Schauplatz ihres nächtlichen Verbrechens, in den Armen ein hilfloses Menschenbaby. Sie hat es nicht nur geraubt, sondern auch eines ihrer eigenen Kinder als Wechselbalg zurückgelassen. Stell dir nur den Schrecken der armen Eltern vor, wenn sie aufwachen und ihr Kind in den Arm nehmen wollen! Inzwischen verschwindet die Trollfrau zu ihrer Höhle, wo sie ihre Beute aufziehen und für sich arbeiten lassen wird.

Ein feindlicher Troll ist ein gefährlicher Gegner. Stark und grausam bringt er der Landbevölkerung mit Freude Unheil und Kummer, indem er Menschen auflauert oder schlafende Babys aus ihrer Wiege raubt. Er ist ein Meister der Täuschung, der ständig in der Dunkelheit lebt und ungeschützte Dörfer in der Nacht überfällt. Der Troll ähnelt zwar einem Menschen, ist aber hässlich, missgestaltet und dicht behaart. Am meisten fürchtet der Troll das Sonnenlicht, weil es ihn in Stein verwandelt. Wenn man ihn hereinlegt und dazu bringt, die Dämmerung zu vergessen, ist der Troll besiegt.

WO GIBT'S DAS?

Trolle sind in Skandinavien weit verbreitet, vor allem in Schweden, Norwegen und Dänemark sowie auf den fernen Färöer Inseln. Die größten Trolle jedoch kamen ursprünglich aus Island.

WISSENSWERTES AM RANDE

- In J. R. R. Tolkiens Büchern *Der kleine Hobbit* und *Der Herr der Ringe* sind Trolle wilde Kerle, die von den Mächten des Bösen oft als Stoßtrupps eingesetzt werden. Tapfer und langlebig sind ihre größten Schwächen ihre eigene Dummheit und ihre Angst vor Sonnenlicht.
- In isländischen Mythen haben Trolle nur ein Auge.
- Manche Mythen kennen Trolle mit zwei oder sogar drei Köpfen – je mehr Köpfe, desto höher der Rang des Trolls.

WERWOLF

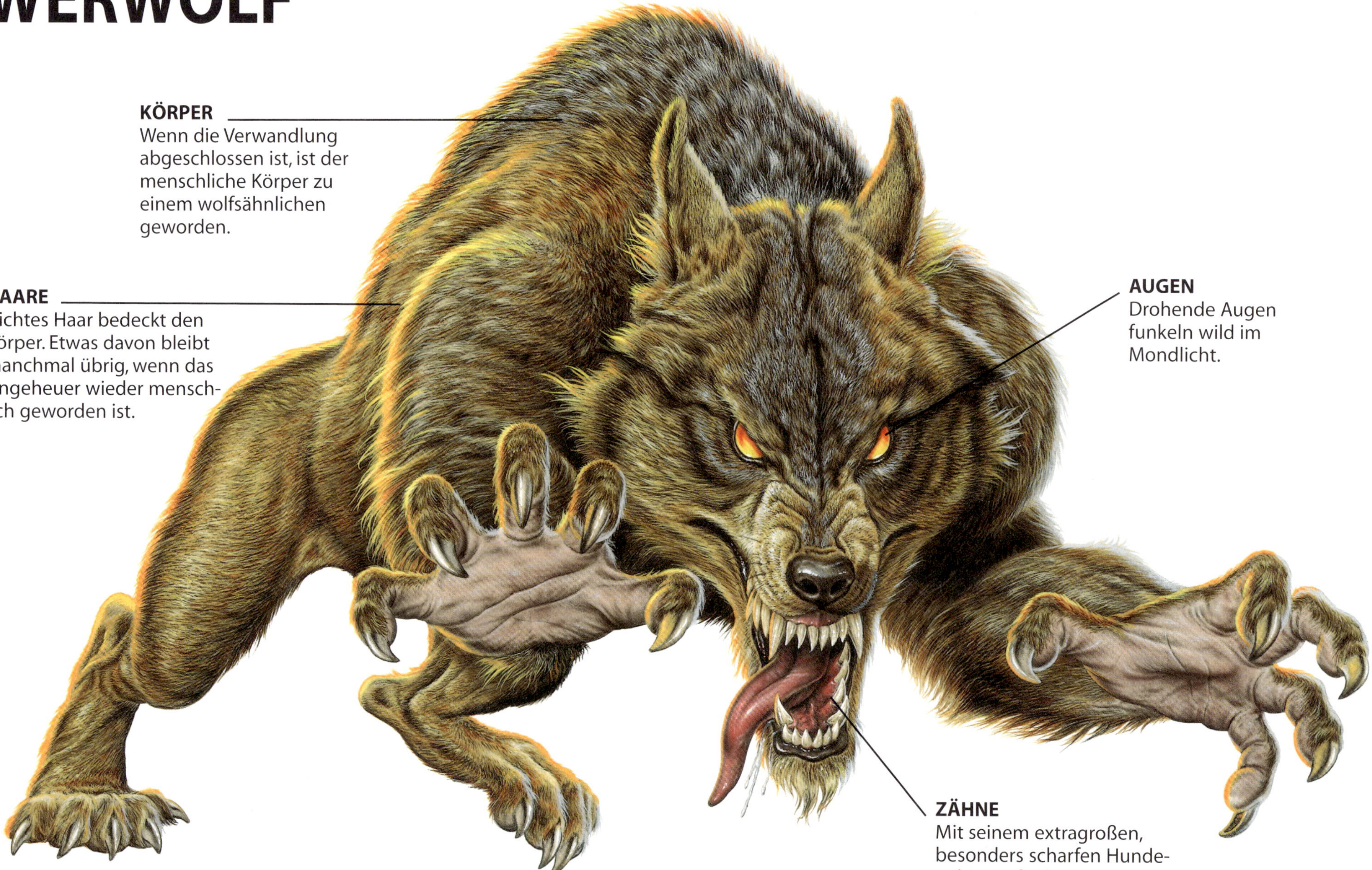

KÖRPER
Wenn die Verwandlung abgeschlossen ist, ist der menschliche Körper zu einem wolfsähnlichen geworden.

HAARE
Dichtes Haar bedeckt den Körper. Etwas davon bleibt manchmal übrig, wenn das Ungeheuer wieder menschlich geworden ist.

AUGEN
Drohende Augen funkeln wild im Mondlicht.

ZÄHNE
Mit seinem extragroßen, besonders scharfen Hundegebiss reißt der Werwolf leicht Fleisch von Knochen.

1 Während der Vollmond am Himmel aufgeht und Mondlicht seinen Körper streift, wird ein Mann von scharfem Schmerz durchzuckt: Der Fluch wurde aktiviert.

2 Eine erschreckende Veränderung findet statt. Seine Kiefer werden länger, seine Zähne werden zu Fangzähnen, Haar bricht durch seine Haut. Mit scharfen Klauen kratzt er wild an seiner Kleidung.

3 Als der Morgen graut, hat der Werwolf wieder menschliche Gestalt und liegt erschöpft auf dem Friedhof, in seliger Unkenntnis seiner Verbrechen in dieser Nacht.

Der Werwolf ist tagsüber ein harmlos aussehender Mensch, der sich nachts in ein erschreckendes wolfsähnliches Tier verwandelt. Er greift Opfer mit scharfen Krallen und Fangzähnen an und zieht ihnen das Fleisch von den Knochen oder gräbt in Friedhöfen Leichen aus, um seinen Hunger nach Menschenfleisch zu stillen. Das geisterhafte Heulen und die Angst vor Wölfen steckt wohl hinter Werwolflegenden, die in ganz Europa kursierten. Hunderte Verdächtige wurden von der verängstigten Meute auf schreckliche Weise getötet. Manche glaubten selbst, sie seien Werwölfe, und bekannten ihre „Verbrechen". Sie litten an Lykanthropie.

WO GIBT'S DAS?

Werwolflegenden kamen in vielen Teilen Europas, Asiens und Nordamerikas auf, in denen es auch echte Wölfe gibt.
Die Wälder Frankreichs gaben den meisten Geschichten Nahrung: Zwischen 1520 und 1630 wurden 30.000 Fälle bekannt.

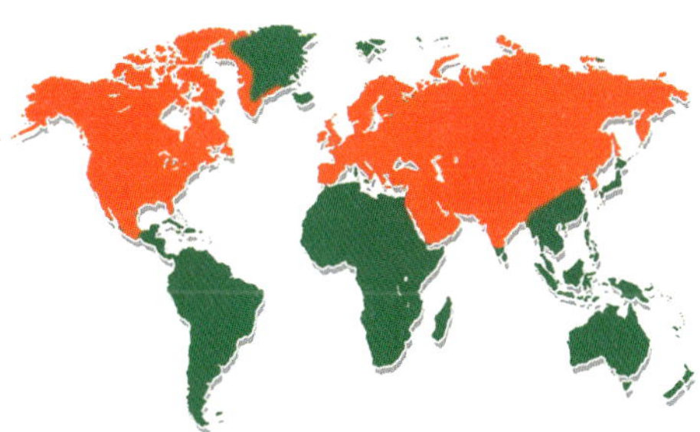

WISSENSWERTES AM RANDE

- Im Mittelalter wurden in Europa immer wieder Menschen beschuldigt, ein Werwolf zu sein. Einer der letzten Prozesse fand 1720 in Salzburg statt.

- Viele Menschen glaubten, dass Werwölfe ihr Fell im Innern ihrer Körper versteckten. Verdächtige wurden oft in Stücke gerissen, wenn die Inquisitoren nach Beweisen suchten.

- Volkslegenden aus aller Welt berichten über Menschen, die sich in Tiger, Leoparden, Hyänen und Bären verwandeln. Manchmal ist sogar die Rede von Werschweinen, die Passanten beißen.

- In europäischen Legenden verwandeln sich sterbende Werwölfe manchmal in Vampire und setzen auf diese Weise ihre Schreckensherrschaft fort.

BASILISK

AUGEN
Manche sagen, die Augen glühten wie feurige Kohlen. Ganz gleich, welche Farbe sie hatten, ihr Blick war tödlich.

KAMM
Der leuchtende, spitze Hahnenkamm ähnelte einer Königskrone.

SCHWANZ
Der Schwanz war lang und schlangenartig. Vielleicht krönte ihn eine dichte Reihe von Stacheln.

HAUT
Sie war schuppig wie die Haut einer Schlange.

FLÜGEL
In manchen Beschreibungen waren die Flügel mehr wie die eines Drachen als wie die eines Vogels.

SCHNABEL
Viele Erzählungen beschreiben dolchartige Zähne im Schnabel.

KÖRPER
Er war rundlich wie bei einem Hahn, hatte aber nur wenige Federn. Niemand weiß genau, wie groß ein Basilisk wurde.

ZUNGE
Manche sagen, die Zunge des Basilisken war gespalten wie die einer Schlange.

ZISCHEN
Wenn der Basilisk zischte, flohen Schlangen vor Angst.

KLAUEN
Die Füße des Untiers waren gespickt mit entsetzlich scharfen Klauen.

Ein neues Ungeheuer betritt die Welt. Eine Kröte hat dieses eigenartige Ei, das auf einer Wiese lag, umsichtig bewacht und beschützt. Nun beobachtet sie, wie es erst springt, ehe ein Loch in der Schale entsteht. Bald darauf kommt ein Vogelkopf heraus – doch dies ist kein harmloses Küken. Nur Augenblicke später fällt die Kröte tot um, versteinert. Sie ist das erste Opfer dieses neuen Basilisken.

Der Basilisk war eine entsetzliche Mischung aus Reptil und Vogel. Er soll aus dem Ei eines schwarzen Hahns, das von einer Kröte ausgebrütet wurde, geschlüpft sein und einen schlangenartigen Leib, den Kopf eines Hahnes und Stummelflügel besitzen. Beeindruckend waren seine magischen Kräfte: Sein Blick allein war tödlich, ebenso sein ungesunder, fauler Atem. Er vergiftete Flüsse und verwandelte fruchtbares Ackerland in trockene Wüste. Felsen zersprangen unter seinem Anprall. Es gab nur zwei Arten, einen Basilisken zu töten: Wiesel galten als immun gegen seinen Blick und sein Gift, und wenn ein Basilisk in einen Spiegel sah, tötete ihn sein Spiegelbild.

WO GIBT'S DAS?

Vor 2000 Jahren beschrieb der römische Schriftsteller Plinius den Basilisken, doch das Tier könnte älter sein. In ganz Europa fürchteten sich die Menschen davor, einem Basilisken zu begegnen, bis im 16. Jahrhundert der Naturforscher Konrad Gessner ihn als Märchen abtat.

WISSENSWERTES AM RANDE

- 1587 wurde in Warschau ein Basilisk für den Tod zweier Mädchen in einem Keller verantwortlich gemacht. Ein „freiwilliger" Gefangener stieg hinab und tötete den Basilisken mit Hilfe eines Spiegels.

- Der Mythos des Basilisken mag auf frühe Berichte von Haubenkobras zurückgehen, das sind giftige indische Schlangen, die sich aufstellen und eine Haut wie eine Haube ausbreiten. Die Vorstellung, ein Wiesel könne einen Basilisken töten, mag auf Erzählungen über Mungos beruhen, kleine Säugetiere, die Kobras erlegen.

CERBERUS

MÄHNE
Eine Mähne aus Schlangenköpfen umgibt jeden der Köpfe des Cerberus. Bei einem Angriff stellen sie sich auf, zischen böse und jagen allen Wesen Angst ein.

SCHLANGENSCHWANZ
In den fürchterlichsten Darstellungen besteht der Schwanz des Cerberus aus einer Schlange, die sich aufrichtet und von hinten angreift. In anderen Versionen hat der Cerberus einen oder drei Drachenschwänze mit einem gefährlichen Stachel.

GEBISS
Von den Zähnen tropft giftiger Schaum und fauler Speichel rinnt dem Cerberus aus dem Maul. Die fürchterlichen Zähne bekommen bedauernswerte Opfer als Bestrafung zu spüren.

KLAUEN
Manche Beschreibungen sagen, dass der Cerberus mit seinen Klauen Menschen zerfleischt, die im Leben zu gierig waren.

Cerberus ist ein besonders alter mythischer Höllenhund – sein Name taucht bereits in Texten auf, die um 700 v. Chr. entstanden. Er ist auch der ultimative Wachhund. In der griechischen Mythologie bewacht er den Eingang zur Unterwelt. Er hindert die unglücklichen Toten daran, jemals wieder in die Welt der Lebenden zurückzukehren. Jeder seiner drei Furcht einflößenden Köpfe hat ein entsetzliches Maul, aus dem giftiger Speichel tropft. Eine Halskrause aus Schlangen verstärkt seine Gefährlichkeit.

Die Unterwelt: Im griechischen Mythos brachte Hermes die Toten an das Ufer des Flusses Styx. Die einzige Möglichkeit, den Styx zu überqueren, war mit Hilfe Charons, des Fährmanns. Wer ihn nicht bezahlen konnte oder ohne Begräbnis starb, war dazu verdammt, ewig am trostlosen Ufer des Styx umherzuwandern. Auf der anderen Seite gingen die Seelen am Cerberus vorbei, der dafür sorgte, dass niemand zurückkehrte in das Land der Lebenden. Im Innern der Hölle wurden die Seelen für ihr Verhalten als Lebende beurteilt und dann ins Elysion, auf die Inseln der Seligen, geschickt oder aber zu ewigen Qualen im Tartarus verdammt.

WO GIBT'S DAS?

Die alten Griechen glaubten, die Unterwelt liege im Zentrum der Erde und sei durch einige Eingänge zugänglich. In Heraclea am Schwarzen Meer lag ein sehr bekannter Eingang, doch auch über den Fluss Acheron in Thespros führte der Weg dorthin.

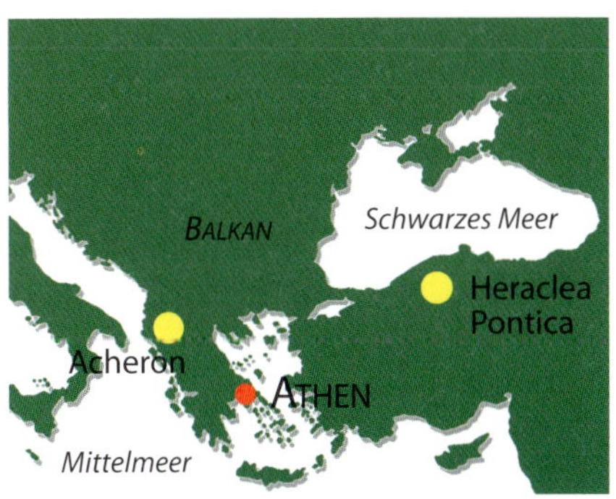

WISSENSWERTES AM RANDE

- Der Name Cerberus stammt vermutlich vom Griechischen *ker berethrou*, „Dämon des Loches".
- Die alten Griechen wurden mit einer Münze im Mund oder neben ihnen im Grab beigesetzt, damit ihre Seelen Charon für die Überfahrt über den Fluss Styx bezahlen konnten.
- Als Herakles den Cerberus fing, tropfte Schaum von seinem Maul und Gift von den Schlangen seiner Mähne auf den Boden. Daraus entstand die giftige Pflanze *Aconitum napellus*, der Blaue Eisenhut.
- Theseus, der berühmte Besieger des Minotaurus, verbrachte vier Jahre als Gefangener der Hölle und wurde ständig von Cerberus gequält. Als Herakles den Cerberus fing, wurde er frei.
- Cerberus' Mutter war Echidne, ein Mischwesen aus Mensch und Schlange.

CHIMÄRE

ZIEGENKOPF
Mitten aus dem Rücken wuchs der Chimäre ein zweiter Kopf heraus, der Kopf einer Ziege.

SCHWANZ
Anstelle eines Schweifs besaß die Chimäre den Körper einer doppelzüngigen Schlange. Wie eine echte Schlange hatte sie Giftdrüsen im Maul.

KLAUEN
Jede Tatze war mit scharfen Klauen bestückt, die das Fleisch der Opfer von den Knochen reißen konnten.

KOPF
Ein zähnestarrender Löwenkopf beherrschte die Vorderansicht der Chimäre.

Die Chimäre, eines der blutdürstigsten Ungeheuer der griechischen Mythologie, wurde mit drei verschiedenen Köpfen geboren. Sie war teils Löwe, teils Ziege und teils Schlange und verband das Wesen aller drei Tiere in sich. Jeder Kopf konnte unabhängig von den anderen handeln und in eine andere Richtung sehen. Doch mehr noch: Der Löwe konnte Feuer speien. Die Chimäre versetzte die Bewohner des antiken Lykien in Angst und Schrecken, bis ein Held kam, um sie zu retten. Die Eltern der Chimäre waren Typhon und Echidna. Typhon war ein geflügeltes Ungeheuer mit hundert Köpfen, und Echidna war halb Frau, halb Schlange. Der Held, der ihr entsetzliches „Kind“ töten sollte, war der Krieger Bellerophon, der auf dem Flügelpferd Pegasus gegen die Chimäre in den Kampf zog.

Als die Chimäre die Angreifer sah, spie sie Feuer. Doch diesmal ging ihr Feuerstrahl ins Leere – Pegasus wich ihm geschwind aus und trug Bellerophon in die Luft außerhalb seiner Reichweite. Immer wieder wich das geflügelte Pferd den Flammen aus. Bellerophon hatte die Spitze seines Speers mit Blei überzogen. Pegasus tauchte herab, und als der Atem der Chimäre den Speer traf, schmolz das Blei. Bellerophon stieß seinen Speer der Chimäre in die Seite und sie brüllte zum letzten Mal auf, während das giftige Metall durch ihre Adern floss.

WO GIBT'S DAS?

Die Chimäre lebte angeblich in Lykien, im Süden der heutigen Türkei. Vor etwa 2500 Jahren war Lykien der Schauplatz harter Kämpfe zwischen Persern und Griechen. Lykien selbst wurde von beiden Kulturen beeinflusst.

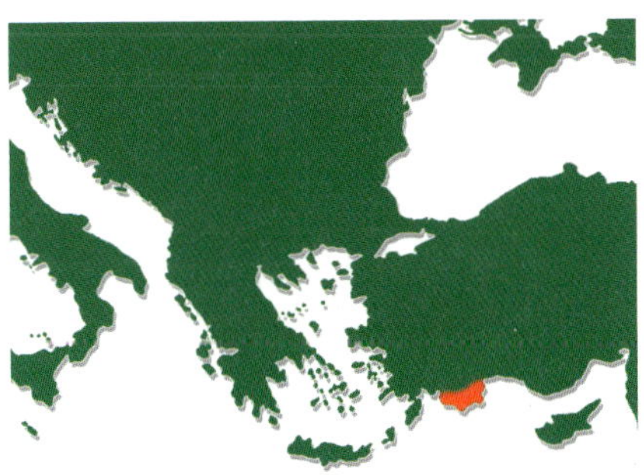

WISSENSWERTES AM RANDE

- Die Chimäre verkörperte die Macht und Gefährlichkeit von Gewitterwolken. Ihr Brüllen war wie der Donner, und das Feuer, das sie spie, war wie der Blitz.
- Es gibt auch einen Meeresfisch, der Chimäre heißt. Er hat einen großen Kopf, riesige Augen und einen peitschenartigen Schwanz. Auch er ist ein Mischwesen: Er hat einige Eigenschaften mit den Haien und anderen Knorpelfischen gemeinsam, andere wiederum mit der Hauptgruppe der Fische, den Knochenfischen.

KYKLOP

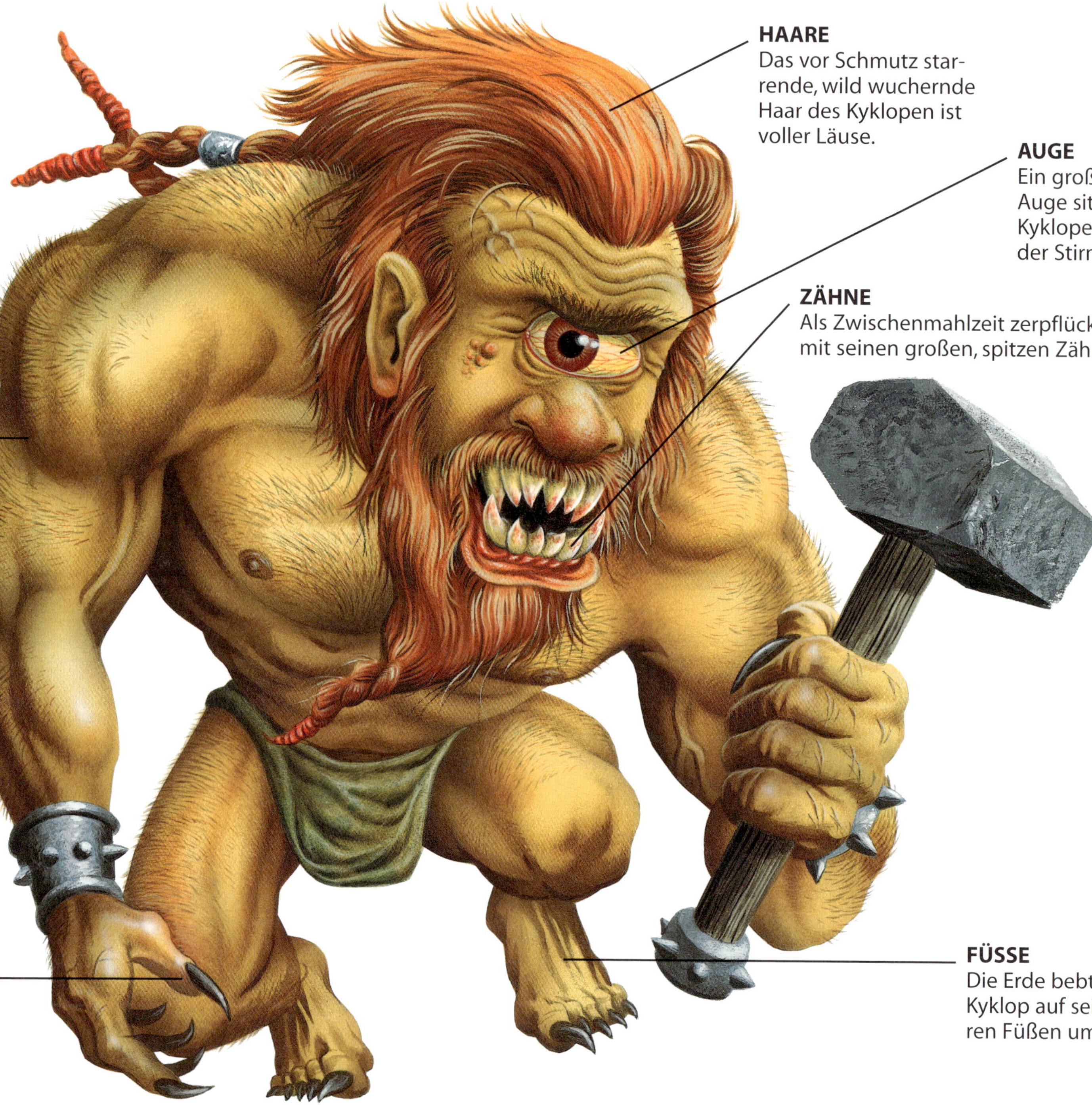

HAARE
Das vor Schmutz starrende, wild wuchernde Haar des Kyklopen ist voller Läuse.

AUGE
Ein großes, wachsames Auge sitzt bei dem Kyklopen mitten auf der Stirn.

ZÄHNE
Als Zwischenmahlzeit zerpflückt der Kyklop mit seinen großen, spitzen Zähnen Menschen.

ARME
Die muskelbepackten langen Arme konnten mit Leichtigkeit Eisen biegen und Felsbrocken schleudern.

KLAUEN
Anstelle von Nägeln wuchsen dem Kyklopen sichelförmige Klauen. Wenn er schlecht gelaunt ist, bilden sie ausgezeichnete Waffen.

FÜSSE
Die Erde bebt, wenn der Kyklop auf seinen schweren Füßen umherstapft.

Odysseus wartete geduldig, bis der Kyklop schlief. Dann spitzte er einen Pfahl an und brachte ihn zum Glühen. Er stieß ihn in das einzige Auge des Kyklopen. Der geblendete Polyphem merkte nicht, dass die Griechen am nächsten Tag aus der Höhle entkamen, als er seine Schafe auf die Weide ließ: Sie hatten sich unter seine kräftigsten Widder gehängt und so die Höhle verlassen.

Das einzige Auge des Kyklopen starrt drohend aus seinem Angst erregenden, haarigen Gesicht. Dieser grausame, wachsame Riese kann einen Menschen mit einem einzigen Faustschlag zermalmen. Die ersten Kyklopen in der griechischen Mythologie waren die Brüder Steropes, Brontes und Arges, Söhne der Erdmutter Gaia und des Uranus. Sie waren Schmiede. Die letzte Rasse der Kyklopen waren riesenhafte Hirten, die in Höhlen in Sizilien ein ungeselliges Dasein fristeten, ihre Schafe hüteten und Fremde fernhielten. Sie verständigten sich mit Grunzen und Grölen. Der schrecklichste von ihnen war Polyphem. Als Odysseus und seine Männer vor seiner Höhle auftauchten, nahm Polyphem sie gefangen. Er schlug täglich zwei von ihnen den Schädel ein und verschlang sie ganz.

WO GIBT'S DAS?

Kyklopen lebten in Thrakien in Nordostgriechenland, in Lykien in der Südtürkei und auf der Insel Kreta. Sie arbeiteten in der Esse des Hephaistos auf Lemnos und errichteten die Kyklopenmauern von Mykene und Tiryns. Spätere Legenden versetzten sie auf den Ätna.

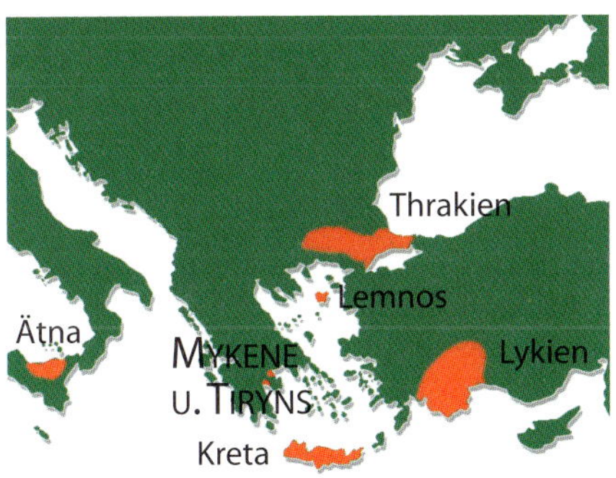

WISSENSWERTES AM RANDE

- Das Wort Kyklop stammt vom griechischen *kyklos* („Kreis") und *ops* („Auge"). Die Namen der Kyklopen Brontes, Steropes und Arges bedeuten „Donner", „Blitzstrahl" und „Blitzschlag".
- Die Kyklopen gehen vielleicht auf eine antike griechische Gilde der Metallarbeiter in Thrakien zurück, die auf ihrer Stirn tätowierte Kreise trugen.
- Manche Menschen glauben, der Mythos von den Kyklopen sei entstanden, als die alten Griechen zum ersten Mal Elefanten begegneten.

FENRISWOLF

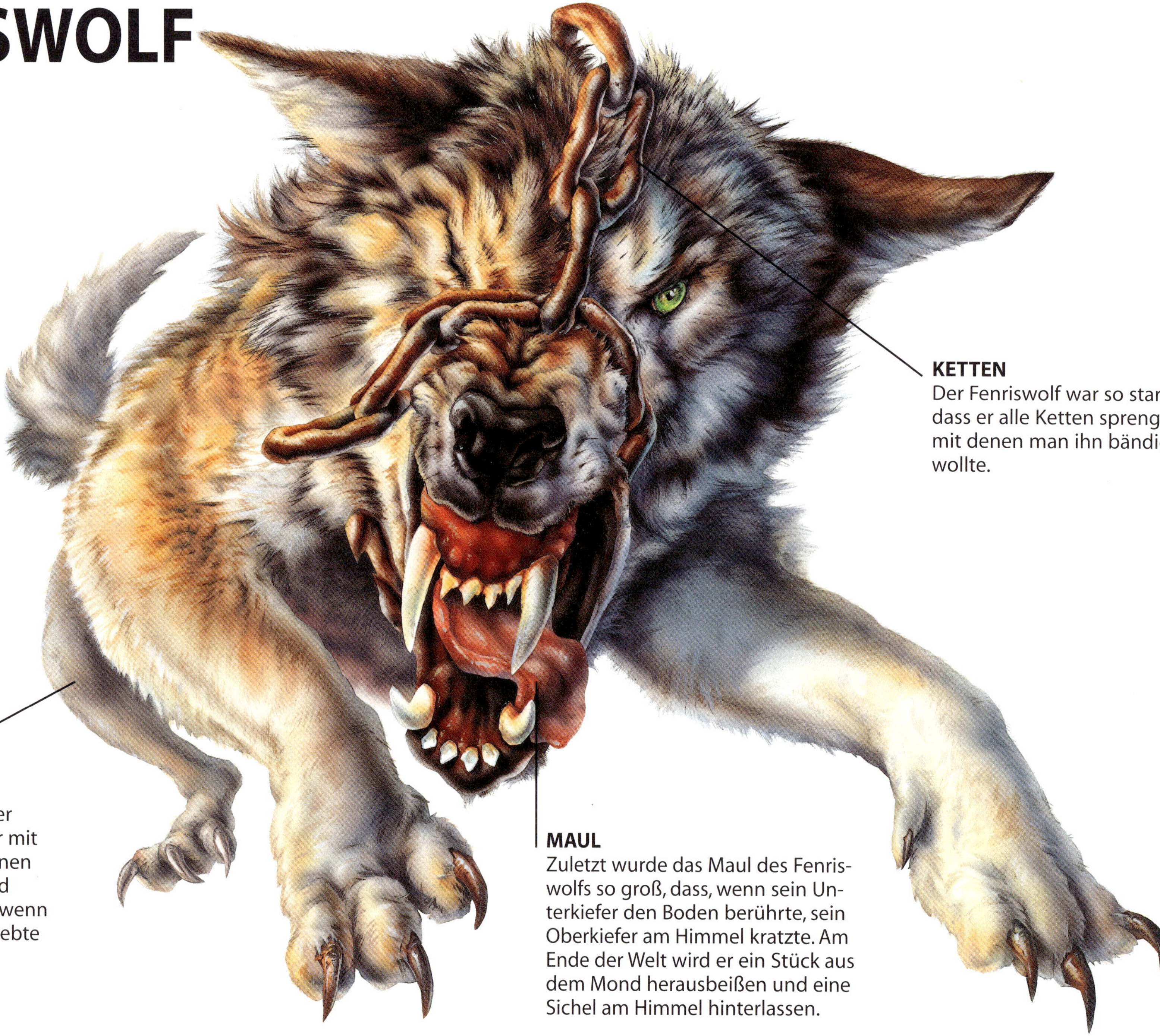

KETTEN
Der Fenriswolf war so stark, dass er alle Ketten sprengte, mit denen man ihn bändigen wollte.

BEINE
Als der Fenriswolf immer weiter wuchs, konnte er mit seinen ungeheuren Beinen Berge überspringen und Seen überwinden, und wenn er nach Futter suchte, bebte unter seinen Füßen der Boden.

MAUL
Zuletzt wurde das Maul des Fenriswolfs so groß, dass, wenn sein Unterkiefer den Boden berührte, sein Oberkiefer am Himmel kratzte. Am Ende der Welt wird er ein Stück aus dem Mond herausbeißen und eine Sichel am Himmel hinterlassen.

Der Fenriswolf, die zerbrochenen Glieder der Kette Leding noch um die Schultern, stürmt in ein kleines Dorf in Midgard. Er ist bereits so groß, dass die Häuser neben ihm wie Spielzeug wirken, und ihre Balken zerbrechen wie Streichhölzer unter seinen mächtigen Pfoten. Entsetzt schreiend laufen die menschlichen Bewohner um ihr Leben. Doch als Fenris mit seinen Riesenzähnen durch die Dächer hindurch schnappt, sind einige zu langsam und werden blitzartig verschlungen.

Dieser erschreckende Riesenwolf der nordischen Mythen war wegen seiner wilden Natur und seines unersättlichen Appetits von allen gefürchtet. Er wurde so stark, dass ihn keine Kette halten konnte. Er war eines der drei Kinder des zwielichtigen Gottes Loki und der Riesin Angrboda. Der Fenriswolf wuchs so schnell, dass auch die Asen, die Götter, um ihr Leben zu fürchten begannen. Schließlich schmiedeten die Asen zwei schwere Eisenketten und forderten ihn heraus, seine Kraft zu zeigen. Doch als sie ihm die Ketten angelegt hatten, schüttelte er nur die Schultern und sprengte sie mit Leichtigkeit. Schließlich wurde er mit einem magischen Band gefesselt. Erst zu Ragnarök – am Ende der Welt – wird er wieder entkommen und Odin töten, den obersten der nordischen Götter.

WO GIBT'S DAS?

Der Fenriswolf (auch Fenris oder Fenrir) ist ein Wesen aus der Mythologie der Nordmänner oder Wikinger. Sie besiedelten vor 2000 Jahren Dänemark, Schweden und Norwegen, später auch Island. Ihre Mythen sind in der Edda und anderen Schriften gesammelt.

WISSENSWERTES AM RANDE

- Gleipnir, das Zauberband, das Fenrir fesselt, wurde von den Alben aus den Sehnen der Bären, dem Atem der Fische, dem Speichel der Vögel, dem Geräusch eines Katzentritts und den Wurzeln der Berge gefertigt.
- In der nordischen Mythologie heißt es, am Ende der Welt, zu Ragnarök, wird sich der Fenriswolf befreien und sich mit den anderen Ungeheuern gegen die Asen verbünden. Er wird Odin bekämpfen und ihn ganz verschlingen, bevor ihm Odins Sohn Vidar die Kiefer auseinanderreißt und ihn seinerseits tötet.

GORGONE

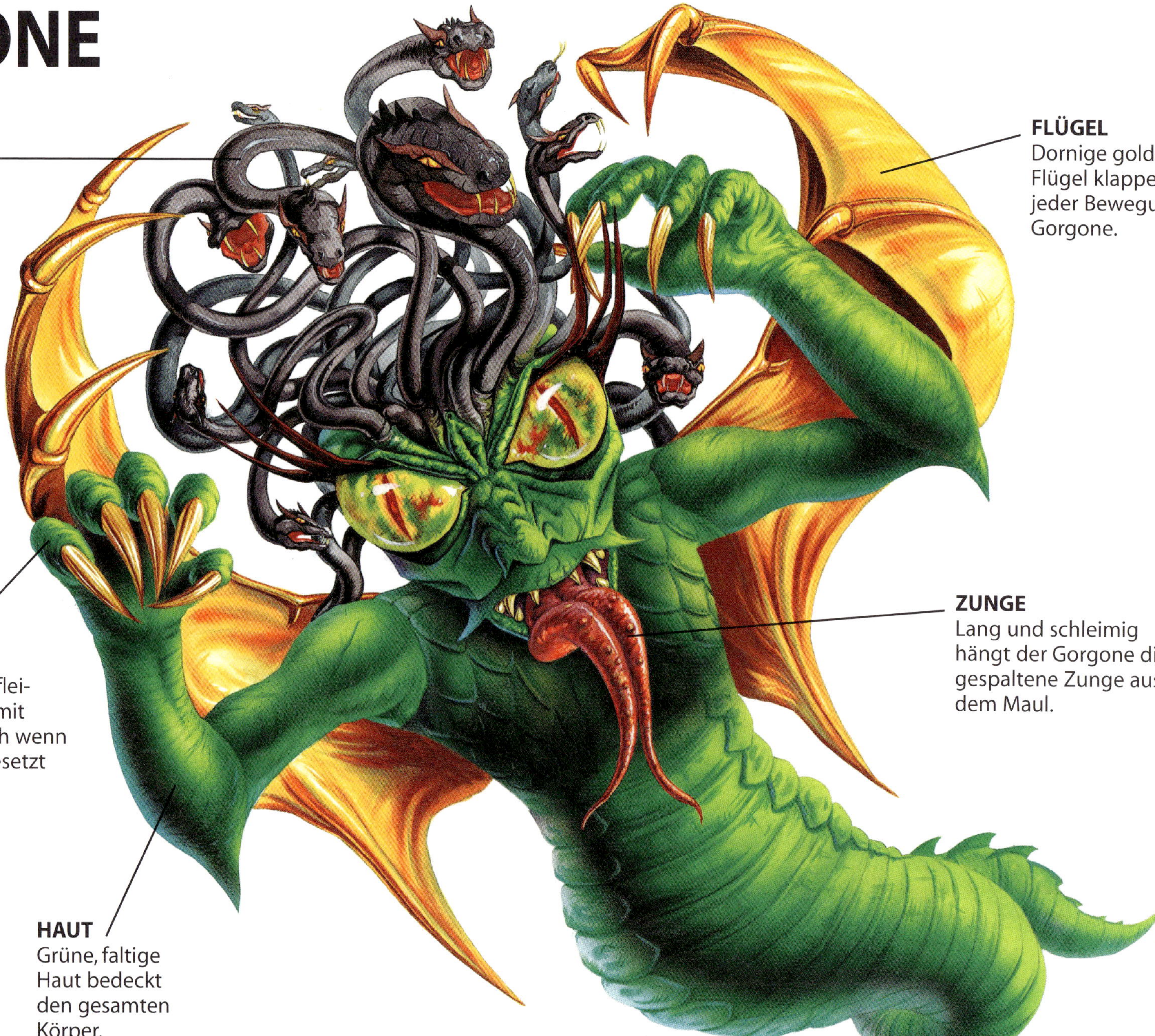

HAARE
Zischende, sich windende Schlangen bilden die Haare.

FLÜGEL
Dornige goldene Flügel klappern bei jeder Bewegung der Gorgone.

KLAUEN
Bronzeklauen zerfleischen ihre Opfer mit Leichtigkeit – auch wenn sie nicht oft eingesetzt werden.

ZUNGE
Lang und schleimig hängt der Gorgone die gespaltene Zunge aus dem Maul.

HAUT
Grüne, faltige Haut bedeckt den gesamten Körper.

Medusa ist die einzige sterbliche Gorgone. Ihr Name bedeutet „die Gerissene". In einigen Versionen des Mythos ist sie die Einzige der drei, die Menschen in Stein verwandeln kann, anderen Versionen zufolge hatten alle Schwestern diese Macht.

Stheno und Euryale sind Medusas Schwestern und sollten ihr schreckliches Schicksal teilen. Doch sie sind unsterblich und einigen Autoren zufolge weniger scheußlich als ihre Schwester. Der Name Stheno bedeutet „die Mächtige" und Euryale ist „die Weitschweifende".

Zerfallende Steinstatuen säumen den Wohnort der Gorgonen. Es sind die versteinerten Reste von Besuchern, die dem versteinernden Blick der Gorgonen zum Opfer fielen. Menschen sind nicht die Einzigen, bei denen er wirkt – auch Tiere werden von dem grauenhaften Anblick in Stein verwandelt.

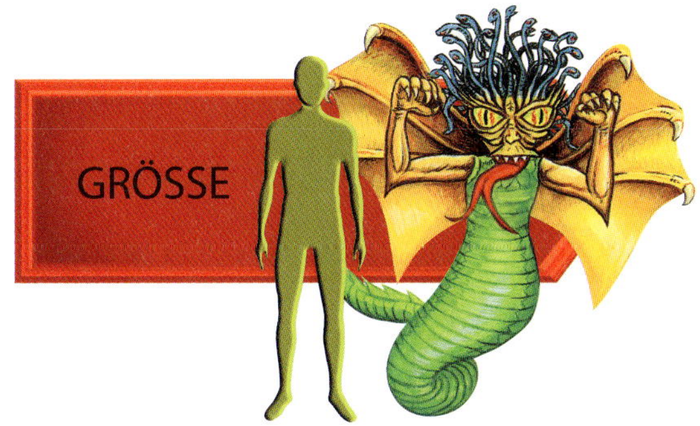

Eine Gorgone ist ein so erschreckender Anblick, dass ein einziger Blick ausreicht und der Betrachter erstarrt zu Stein. Die Gorgonen waren nicht immer böse Ungeheuer. Sie waren schöne Schwestern, bis Medusa die Göttin Athena beleidigte, indem sie den Meergott Poseidon in einem ihrer Tempel verführte. Athena tobte und verwandelte die Schwestern in Scheusale. Der Held Perseus tötete die Gorgone Medusa mit der Hilfe der Götter und eines glänzenden Schildes, den er wie einen Spiegel einsetzte, sodass er sie nie direkt ansehen musste. Mit dem abgeschlagenen Medusenhaupt verwandelte Perseus anschließend seine eigenen Feinde in Stein.

WO GIBT'S DAS?

Die alten Griechen glaubten, die Gorgonen lebten im mythischen Lande der Hyperboräer, jenseits des Nordwinds an den Küsten des Ozeans, der die Erde säumt. Die Quellen siedeln dieses Land an der Küste Russlands, Skandinaviens oder Nordosteuropas an.

WISSENSWERTES AM RANDE

- Als Perseus Medusa das Haupt abschlug, sprangen das Flügelpferd Pegasus und der voll bewaffnete Krieger Chrysaor aus der Wunde.
- Als Perseus floh, tropfte etwas von Medusas Blut ins Meer und verwandelte sich sofort in Korallen, die Gorgonia. Weitere Tropfen fielen auf Wüstenboden und wurden zu Schlangen.
- Athena füllte zwei Phiolen mit Blut vom Körper der Medusa, die eine mit Blut von der linken Seite, die andere mit Blut von der rechten Seite, und gab sie Asklepios, dem Gott der Heilkunst. Blut von der linken Seite konnte Tote wiederbeleben, Blut von der rechten brachte den Tod.

GREIF

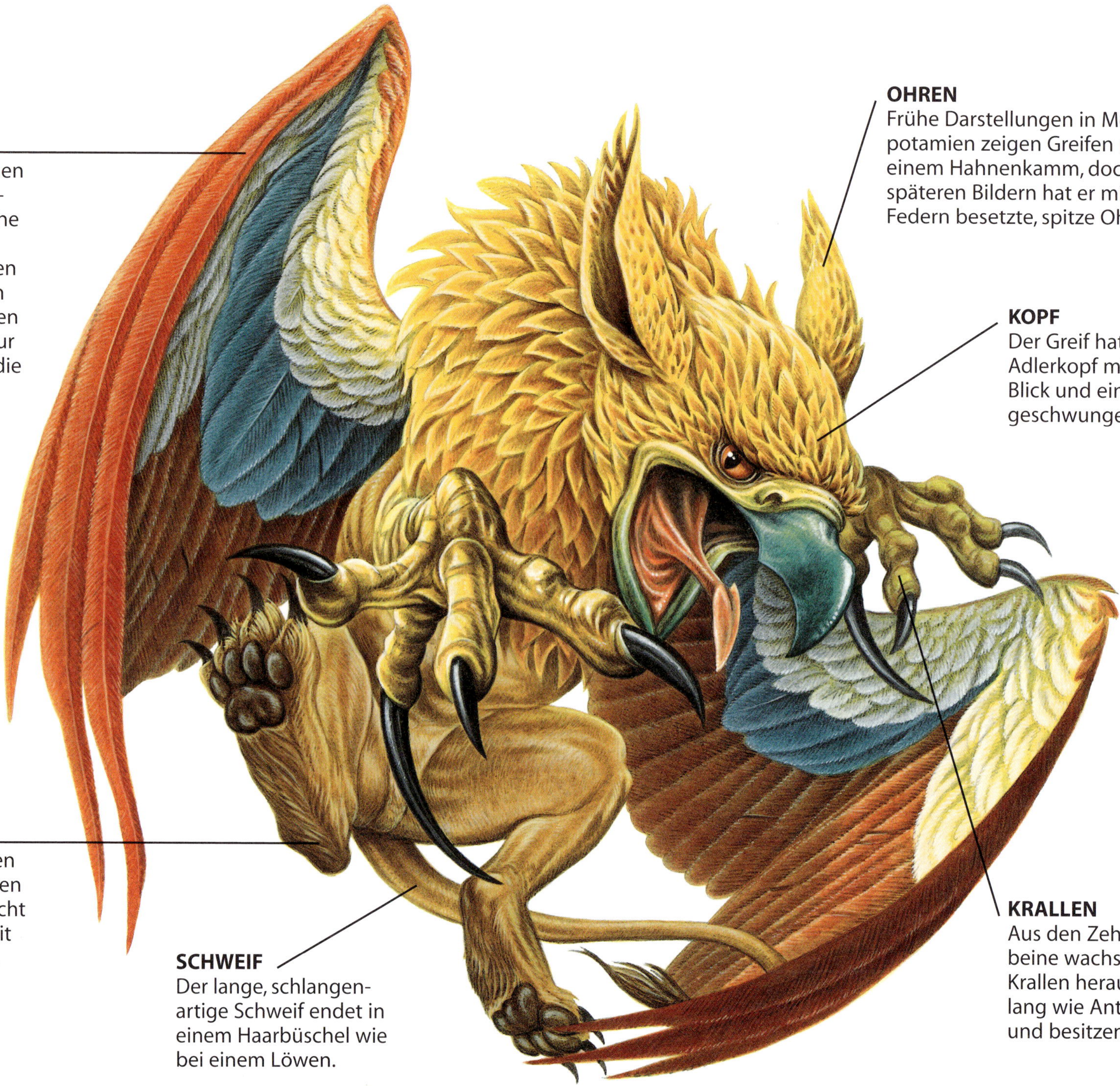

SCHWINGEN
Männliche Greifen werden zwar oft als flügellos beschrieben, doch weibliche hingegen haben stets Flügel. In manchen Sagen fliegen sie damit wie ein Adler, in anderen erheben sie sich mit ihrer Hilfe nur im Kampf ein wenig in die Luft.

HINTERBEINE
Der Hinterteil des Greifen stammt von einem Löwen und seine Haarfarbe reicht von golden bis beige mit scharlachroten Flecken.

SCHWEIF
Der lange, schlangenartige Schweif endet in einem Haarbüschel wie bei einem Löwen.

OHREN
Frühe Darstellungen in Mesopotamien zeigen Greifen mit einem Hahnenkamm, doch auf späteren Bildern hat er mit Federn besetzte, spitze Ohren.

KOPF
Der Greif hat meist einen Adlerkopf mit stechendem Blick und einem scharfen geschwungenen Schnabel.

KRALLEN
Aus den Zehen der Vorderbeine wachsen lange, spitze Krallen heraus. Sie werden so lang wie Antilopenhörner und besitzen magische Kraft.

Dieses wahrhaft königliche mythische Wesen verbindet Kopf, Flügel und Vorderbeine eines Adlers mit dem Hinterleib eines Löwen. Nach Belieben greift es andere Tiere an, zerreißt aber mit seinen schneidenden Klauen und dem scharfen Schnabel auch Menschen. Der Greif ist ist ein besonders machtvoller Räuber, der ein Ochsengespann in seinen Klauen davontragen kann – mittelalterlichen Berichten zufolge ist er stärker als acht Löwen und 100 Adler. Er hütet einen Goldschatz und greift alle Nesträuber erbarmungslos an.

Viele Greifen lebten angeblich in Skythien nördlich des Schwarzen Meeres, einem Gebiet, in dem viel Gold und Edelsteine vorkommen. Diese Schätze gruben sie mit ihren Klauen aus und umrandeten damit ihr Nest. Die Arimaspen wollten diese Reichtümer auch gern besitzen und griffen die Greifen oft zu Pferde an. Mit ihren sichelförmigen Klauen und ihrem Hakenschnabel rissen die Greifen ihnen jedoch immer wieder schwere, blutende Wunden.

WO GIBT'S DAS?

Greifen lebten dem Mythos zufolge in verschiedenen Teilen des Nahen, Mittleren und Fernen Ostens, in Griechenland und der Türkei, aber auch in Syrien, Persien, dem Zweistromland und im Kaukasus. Auch Indien und Südrussland wurden als ihre Heimat genannt.

WISSENSWERTES AM RANDE

- Griechische Kunstwerke zeigen Greifen oft mit einer reich gelockten Mähne.
- Eine nordische Legende berichtet von Prinz Hagen, der in ein Greifennest verschleppt wurde. Zum Glück fand er dort Waffen und konnte die jungen Greifen töten, als sie ihn angriffen.
- Das Greifenweibchen legt Eier wie jene eines Adlers. Ihre Jungen sind weitaus sanfter als ein ausgewachsener Greif.

HARPYIE

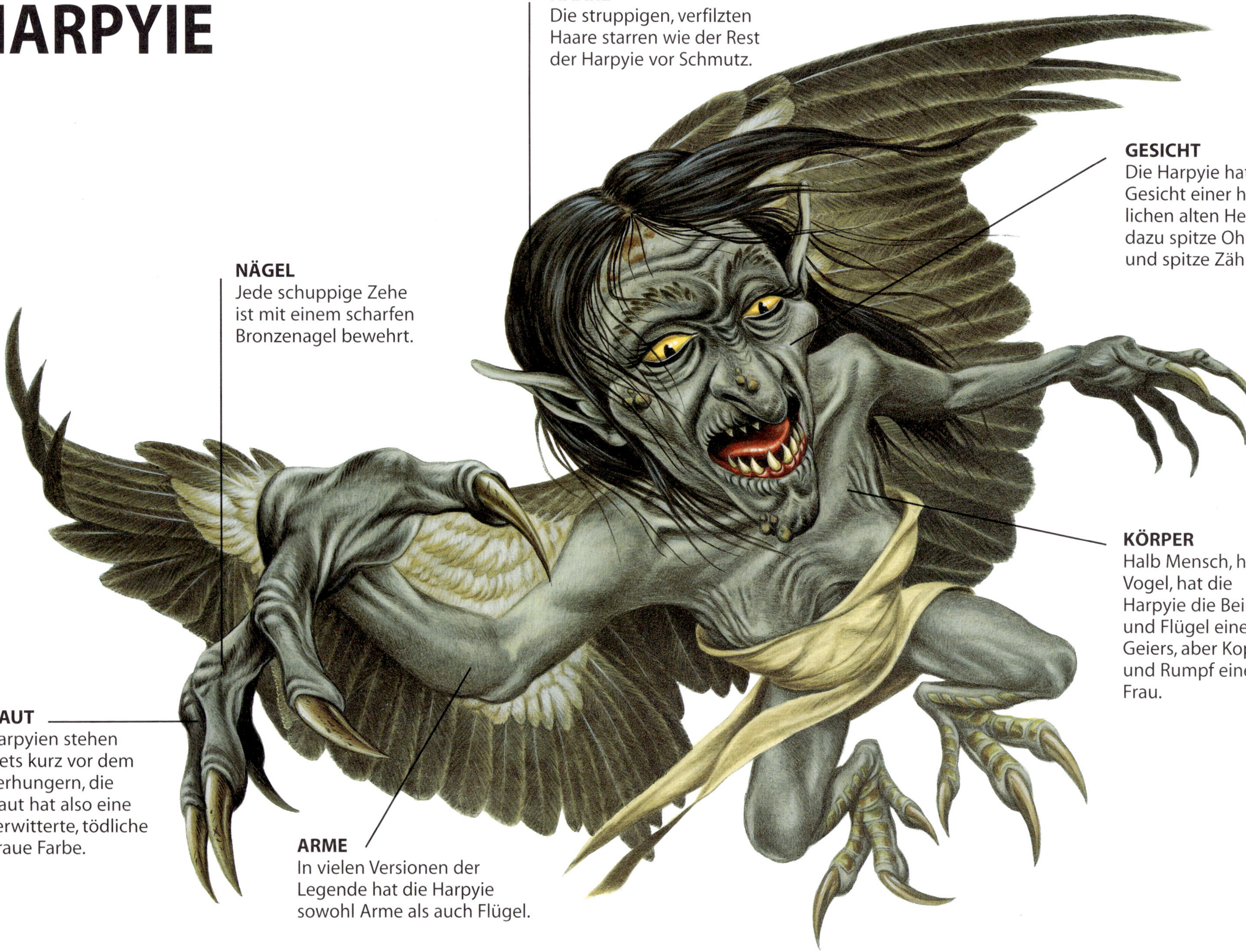

HAARE
Die struppigen, verfilzten Haare starren wie der Rest der Harpyie vor Schmutz.

GESICHT
Die Harpyie hat das Gesicht einer hässlichen alten Hexe, dazu spitze Ohren und spitze Zähne.

NÄGEL
Jede schuppige Zehe ist mit einem scharfen Bronzenagel bewehrt.

KÖRPER
Halb Mensch, halb Vogel, hat die Harpyie die Beine und Flügel eines Geiers, aber Kopf und Rumpf einer Frau.

HAUT
Harpyien stehen stets kurz vor dem Verhungern, die Haut hat also eine verwitterte, tödliche graue Farbe.

ARME
In vielen Versionen der Legende hat die Harpyie sowohl Arme als auch Flügel.

Im Tausch für sein Augenlicht hatte König Phineus von Zeus die Gabe erhalten, in die Zukunft zu sehen. Doch er erregte Zeus' Zorn, indem er die geheimen Pläne der Götter verriet. Zur Strafe schickte Zeus die Harpyien, die ihn ewig plagen sollten. Sie stahlen ihm sein Essen und verschmutzten das, was übrig blieb, sodass Phineus ewig Hunger hatte. Erst ein Besuch der Argonauten machte dem ein Ende. Als Dank für seinen Rat halfen sie dem blinden König. Dieser ließ Essen bringen und sofort stürzten sich die Harpyien vom Himmel herab, umkreisten den Tisch und schnappten nach den Speisen. Kalais und Zetes, zwei der Argonauten, hatten starke Flügel. Sie griffen ihre Waffen, verolgten die Harpyien und vertrieben sie für immer.

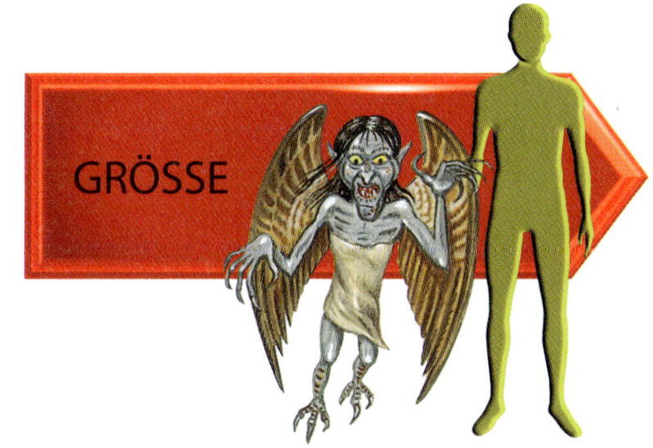

Diese vor Schmutz starrenden grässlichen Frauen haben den Körper und Kopf einer kreischenden alten Hexe und Flügel und Schwanz eines Geiers. Sie hinterlassen entsetzliche Spuren. In griechischen Legenden wurden sie mit der erschreckenden Macht des Sturms verbunden. Man glaubte auch, dass sie die Seelen der Toten packten und sie in die Unterwelt trugen.

WO GIBT'S DAS?

Antike Sagen berichten, dass die Harpyien von den Argonauten aus Thrakien vertrieben wurden. Sie wurden gezwungen, auf einer griechischen Inselgruppe im Ionischen Meer Zuflucht zu nehmen, den Strophaden.

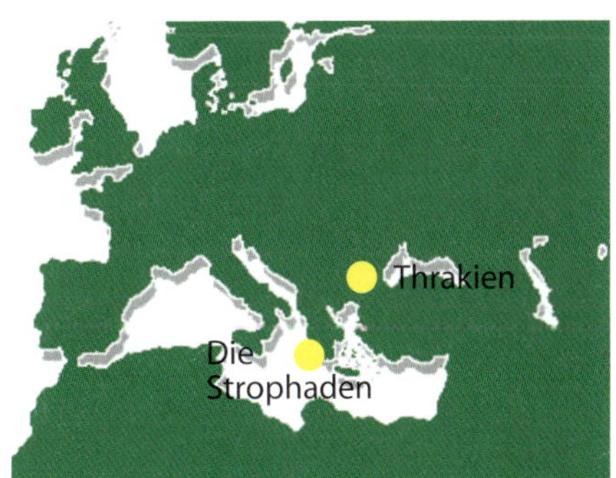

WISSENSWERTES AM RANDE

- Obgleich eine Harpyie stets hungrig ist und ständig Angst hat zu verhungern, ist sie ein unsterbliches Wesen, das gar nicht sterben kann.

- Der Sage nach fiel eine der Harpyien bei der Flucht aus Thrakien erschöpft in einen Fluss auf der griechischen Halbinsel Peloponnes. Dieser Fluss heißt bis heute Harpyes.

- In manchen Versionen des Mythos haben Harpyien die Klauen eines Löwen und die Ohren eines Bären.

- Die Harpyie hat einen Namensvetter in den tropischen Regenwäldern Südamerikas: einen seltenen, riesigen Adler. Diese angriffslustigen Raubvögel haben einen bedrohlichen Schnabel und lange, gebogene Krallen, mit denen sie Affen und Faultiere aus den Ästen greifen können.

- In manchen Mythen ist von vier Harpyien die Rede: Aello, Kelaino, Okypete und Podarge. Ihre Namen bedeuten „Sturmwind",„Finsternis",„Schnellflügel" und „Schnellfuß".

HYDRA

KÖRPER
In manchen Erzählungen sah die Hydra aus wie eine riesige Wasserschlange, doch in anderen hat sie den Körper eines Hundes.

STERBLICHER KOPF
Die Hydra wurde meist mit acht sterblichen Köpfen dargestellt, doch sobald einer abstarb, entsprangen an seiner Stelle zwei neue. In manchen Beschreibungen hat sie sogar hundert Köpfe.

UNSTERBLICHER KOPF
Der mittlere Kopf war größer als die anderen und konnte nie völlig zerstört werden. Einige Versionen des Mythos sagen, er sei aus Gold gewesen.

FANGZÄHNE
Jedes Maul verfügte über lange, hohle Fangzähne, aus denen giftiger Speichel troff.

Dieses furchterregende, vielköpfige Ungeheuer lauerte in den Lernäischen Sümpfen des alten Griechenland. Die Hydra hielt die Bauern der Gegend vom frischen Wasser fern, das sie für ihre Felder benötigten, griff aber auch aktiv Dorfbewohner und Herden an. Ihr Gift und ihr vergifteter Atem tötete jeden, der in ihre Nähe kam. Ihr mittlerer Kopf war unsterblich und sobald einer der anderen Köpfe abgeschlagen wurde, wuchsen zwei an seiner Stelle nach. Schließlich tötete Herakles das scheinbar unbesiegbare Monster.

In sein Löwenfell gehüllt, hielt Herakles zum Schutz vor den giftigen Dämpfen den Atem an und griff an. Doch sobald er einen der sterblichen Köpfe abschlug, wuchsen zwei neue an dessen Stelle. Er machte das Ungeheuer nur noch stärker. Also ließ er Iolaos jeden blutenden Halsstumpf mit einer brennenden Fackel bestreichen, bis zuletzt nur der unsterbliche Kopf übrig war. Diesen betäubte er mit seiner Keule, riss ihn aus dem Körper der Hydra heraus und begrub ihn unter einem schweren Stein.

WO GIBT'S DAS?

Von ihrer Höhle bei den Quellen der Amymone auf der Halbinsel Peloponnes aus durchstreifte die Hydra die tückischen Sümpfe von Lerna.

WISSENSWERTES AM RANDE

- Der Begriff Hydra wird manchmal benutzt, um ein Problem zu beschreiben, bei dem jede mögliche Lösung nur weitere Schwierigkeiten aufwirft. Er dient auch als Bezeichnung für alles, was schwer auszurotten ist.
- Der griechische Astronom Ptolemaios nannte ein Sternbild Hydra, da es wie eine riesige Wasserschlange aussieht.
- Schlangen kommen in Mythen häufiger vor als jedes andere Wesen.

KRAKEN

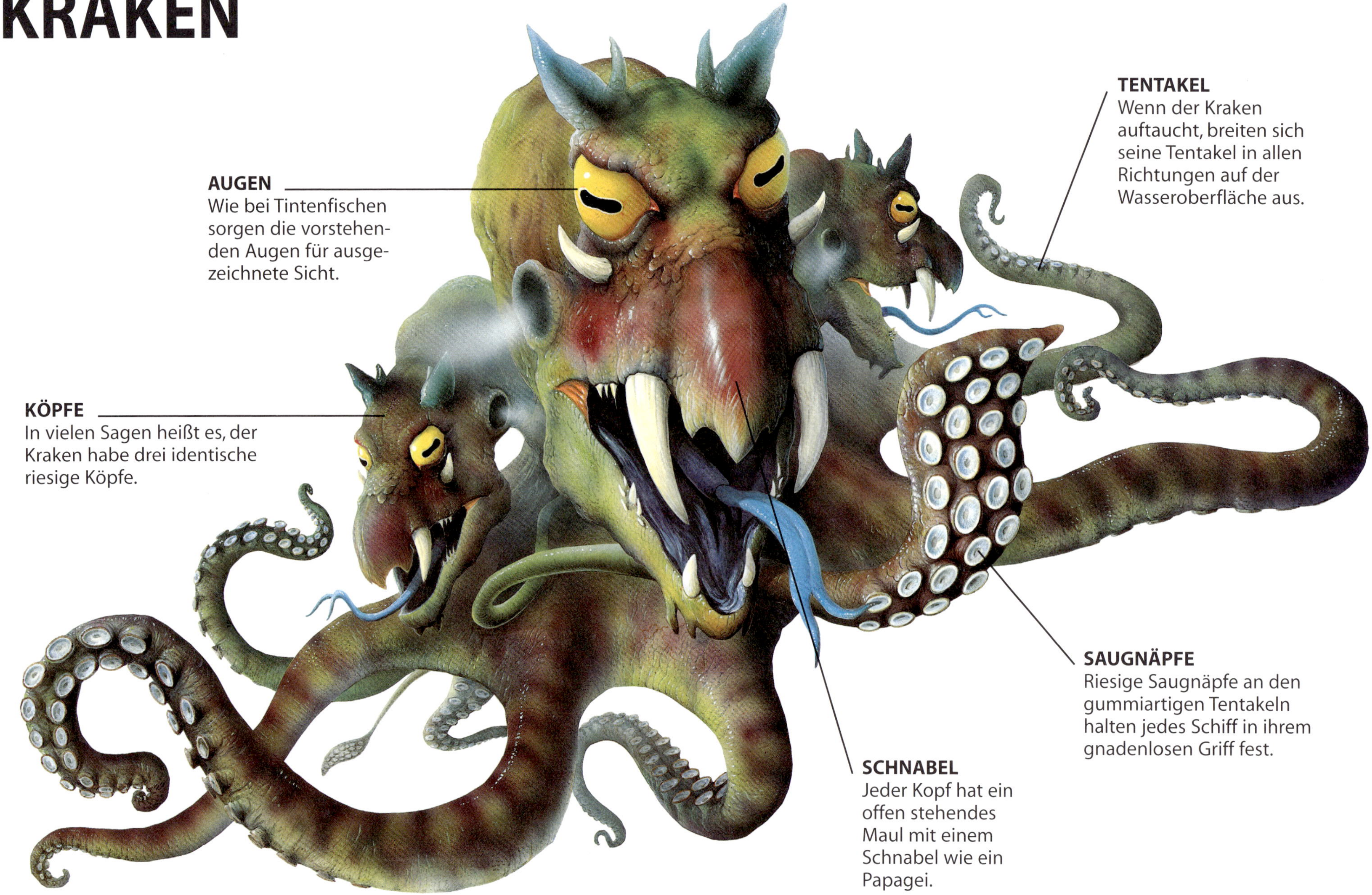

AUGEN
Wie bei Tintenfischen sorgen die vorstehenden Augen für ausgezeichnete Sicht.

TENTAKEL
Wenn der Kraken auftaucht, breiten sich seine Tentakel in allen Richtungen auf der Wasseroberfläche aus.

KÖPFE
In vielen Sagen heißt es, der Kraken habe drei identische riesige Köpfe.

SAUGNÄPFE
Riesige Saugnäpfe an den gummiartigen Tentakeln halten jedes Schiff in ihrem gnadenlosen Griff fest.

SCHNABEL
Jeder Kopf hat ein offen stehendes Maul mit einem Schnabel wie ein Papagei.

Seit dem Mittelalter erzählen Seeleute und Fischer in ganz Westeuropa, vor allem in Skandinavien, von einem großen Seeungeheuer mit Tentakeln, das tief im Meer lebt. Der Kraken ist ein Berg von einem Lebewesen, neben dem die größten Wale wie Zwerge aussehen. In einem Buch über die Naturgeschichte Norwegens aus dem Jahre 1754 behauptete der Bischof von Bergen sogar, der Körper des Ungeheuers besitze einen Umfang von mindestens 2,5 Kilometern.

Im Nordmeer sichtet ein Kapitän endlich Land. Seine Karten erwähnen die eigenartig runden Inseln zwar nicht, doch er kann sich auf seine Augen verlassen und steuert sein Schiff auf sie zu. Doch als er näher kommt, bemerkt er entsetzt seinen Irrtum. Die „Inseln" erheben sich aus dem Meer, zum Vorschein kommt der Kraken. Das erwachende Monster packt das Schiff mit einem seiner mächtigen Tentakel und drückt es unter die brodelnden Wellen. Die entsetzt schreiende Mannschaft wandert Mann für Mann in einen offenen Schnabel.

WO GIBT'S DAS?

In den meisten Legenden heißt es, der Kraken lebte rings um die skandinavischen Küsten, besonders in den tiefen Gewässern vor Norwegen. Doch ähnliche Berichte gibt es auch von anderen Küstenzonen Europas.

WISSENSWERTES AM RANDE

- In manchen Geschichten hat der Kraken 1000 Tentakel und 10 Mäuler.
- Es gibt einige Berichte über gestrandete Kraken. 1680 starb ein junger Kraken vermutlich, nachdem er an den Riffen vor Alstadhang in Norwegen gefangen wurde. Und 1775 wurde auf der Isle of Bute in Schottland ein weiterer Kraken gefunden.
- Im 19. Jahrhundert verfasste der englische Dichter Alfred Lord Tennyson das Gedicht „The Kraken", zu welchem ihn der Mythos vom Kraken inspirierte.

MANTIKOR

VERSTOHLENHEIT
Der Mantikor schleicht oft bedrohlich durch das Dickicht und schleicht sich an sein Opfer lautlos heran wie eine Katze. Doch dann bricht er mit voller Kraft hervor und stürzt sich auf seine Beute.

KÖRPER
Der Mantikor hat den Leib eines Löwen – und die dazu gehörende Kraft.

KLAUEN
Trockenes Blut verklebt die dolchartigen Klauen, die einem Menschen mit einem Schlag den Leib aufreißen können.

SCHWEIF
Das Ungeheuer besitzt den langen Schwanz eines Skorpions, aber an der Spitze nicht nur einen, sondern viele giftige Stacheln. Im Nahkampf setzt es seinen Schwanz wie einen mittelalterlichen Morgenstern ein.

STACHELN
Wenn der Mantikor Stacheln aus seiner Schwanzspitze abschießt, wachsen an ihrer Stelle sofort neue nach.

GESICHT
Verfilztes, strähniges Haar rahmt das Menschengesicht des Ungeheuers wie eine Mischung aus ungepflegtem Bart und der Mähne eines Löwen.

ZÄHNE
Drei Reihen langer gelber Zähne stecken in jedem Kiefer und senken sich dicht schließend tief in die Körper der Opfer.

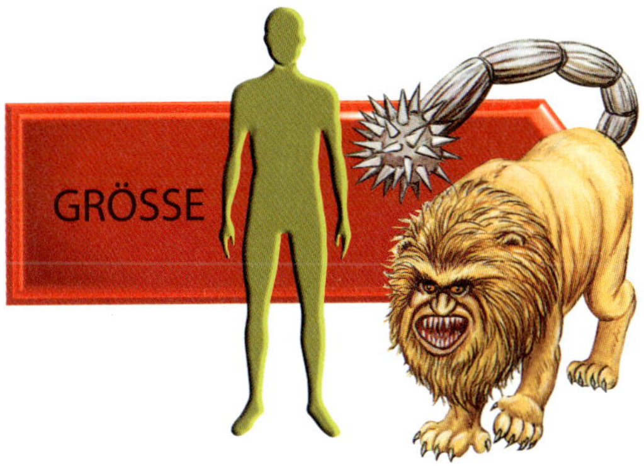

Der Mantikor ist ein schreckliches Ungeheuer mit Körper und Beinen eines Löwen, dem Schwanz eines Skorpions und dem erschreckend verwilderten Gesicht eines Menschen. Diesem gnadenlosen Menschenfresser entkommt kein Opfer. Er tötet mit scharfen Klauen und Zähnen und mit speerartigen Stacheln, die er aus dem Ende seines Schwanzes abfeuert. Er stammt aus dem indischen Mythos, ehe er im europäischen Mittelalter zur Verkörperung des Bösen wurde. Der erste westliche Bericht über einen Mantikor stammt von Ktesias, einem griechischen Arzt und Reisenden des 4. Jahrhunderts v. Chr. Er will das Tier am persischen Hof gesehen haben. Spätere griechische und römische Autoren beziehen sich auf ihn.

Ein einsamer Gewürzhändler ist auf dem Weg in den Fernen Osten. Er weiß es noch nicht, aber er wird sein Ziel nie erreichen. Der Mantikor springt auf ihn zu, brüllend und mit gefletschten Zähnen. Angewurzelt vor Schreck bleibt der Mann stehen. Ihm bleibt kaum Zeit zum Schreien, da hebt das Untier seinen Schwanz hoch über seinen Kopf und feuert daraus eine Salve von Stacheln ab. Sie treffen ihr Ziel, dringen tief in seinen Bauch und seine Brust ein. Glühender Schmerz durchströmt seinen Körper.
Während der Reisende noch sterbend zu Boden fällt, stürzt sich der Mantikor auf ihn und fängt an, ihn zu zerfleischen. Gierig verschlingt er große Stücke aus dem Körper des unschuldigen Kaufmanns. Alles frisst das Ungeheuer auf, auch den Kopf, die Kleidung und die spärlichen Besitztümer des Mannes.

WO GIBT'S DAS?

Geschichten über den Mantikor stammen aus Nordindien vom Fuße des Himalaja. In diesem Gebiet waren früher Tiger sehr häufig, und wer zwischen den zerstreuten Dörfern reiste, musste auf den langen, einsamen Wegen ständig in Angst vor Menschenfressern leben.

WISSENSWERTES AM RANDE

- Das Wort Mantikor kommt vom altpersischen Wort „martikhoras", das auf Deutsch „Menschenfresser" bedeutet.
- Im spanischen Volksglauben ist die „mantiquera" oder Manticora ein bärtiger Werwolf, der Kinder frisst. Noch in den 1930er-Jahren griffen in einem entlegenen Teil des Landes die Bauern einen bärtigen Reisenden an, da sie glaubten, er sei eine mantiquera, die gekommen ist, um nachts ihre Kinder zu stehlen und zu fressen.

MINOTAURUS

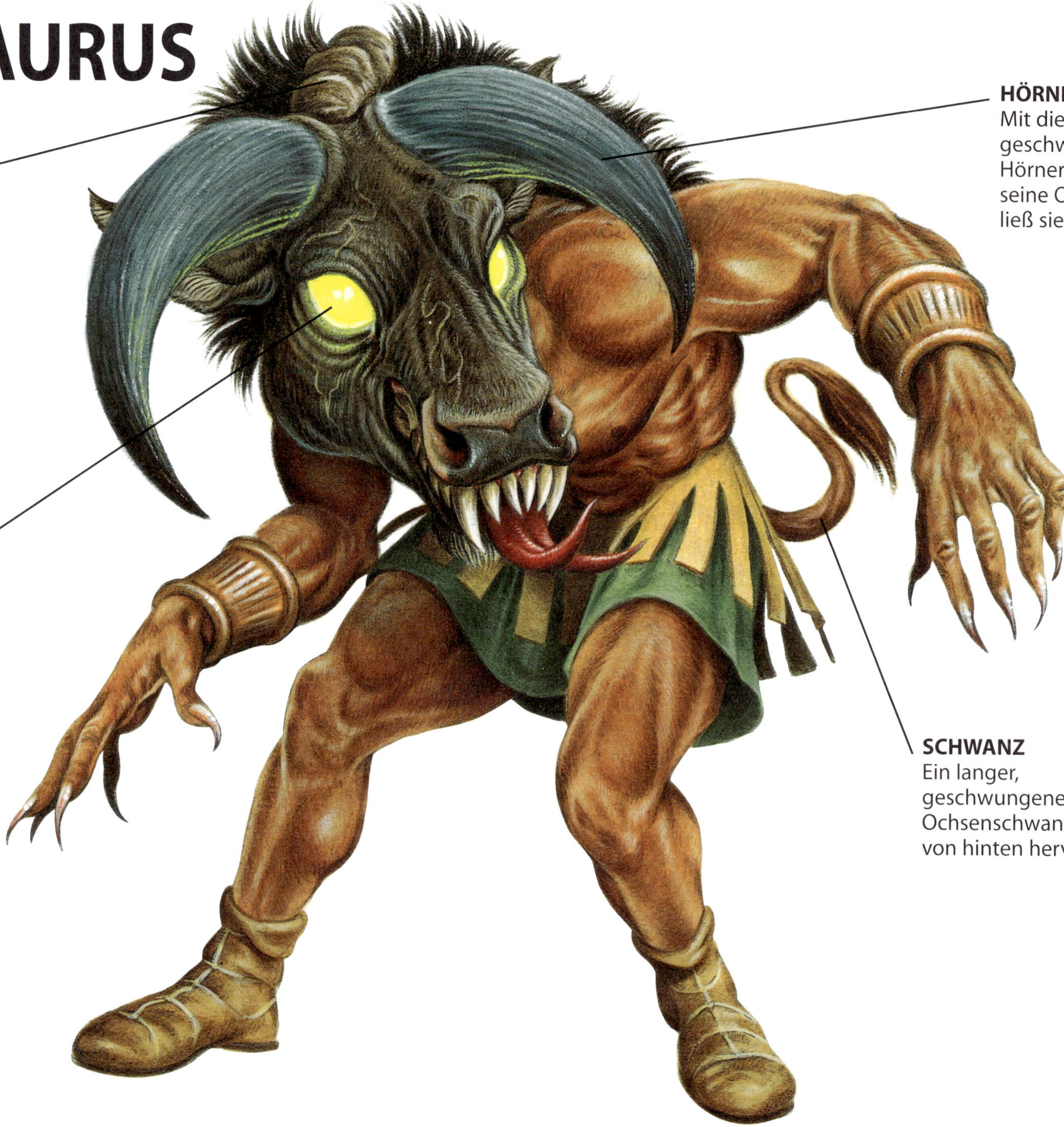

KOPF
Der große Kopf und mächtige Nacken waren die eines angsteinflößenden Stiers.

HÖRNER
Mit diesen mächtigen, geschwungenen Hörnern spießte er seine Opfer auf und ließ sie verbluten.

AUGEN
Kalte Augen glühten voller Hass.

SCHWANZ
Ein langer, geschwungener Ochsenschwanz kam von hinten hervor.

Der Minotaurus wurde geboren, nachdem der kretische König Minos den Meergott Poseidon verärgert hatte: Dieser hatte Minos einen schneeweißen Stier als Opfertier geschickt, doch Minos brachte es nicht übers Herz, diesen zu töten. Poseidon strafte Minos damit, dass seine Frau Pasiphae sich in den Stier verliebte und von ihm ein Kind mit groteskem Stierkopf und einer Vorliebe für Menschenfleisch gebar. Minos ließ Dädalos, den geschickten Handwerker, ein Labyrinth konstruieren, in dem das Monster hauste. In regelmäßigen Abständen erhielt es junge Menschen aus Athen als Opfer. Der Athener Held Theseus machte dem Minotaurus schließlich den Garaus.

1 Theseus und seine Gefährten kamen aus Athen als Menschenopfer nach Kreta. Im Labyrinth mit seinem Netz dunkler Gänge lauerte der Minotaurus. Rasch enthüllte Theseus den entsetzten Athenern seinen Plan und sagte ihnen, sie sollten am Eingang bleiben, während er selbst mit einem Wollknäuel und seinem Schwert in das Labyrinth zog.

2 Theseus band das Ende seines Fadens an einen Pfosten und wickelte ihn ab, während er vorsichtig in das Labyrinth hineinging. Er wusste, dass ihm der Faden helfen würde, auf dem gleichen Weg das Labyrinth zu verlassen, nachdem er das Ungeheuer getötet haben würde.

3 Plötzlich war der Minotaurus da. Mit gesenktem Kopf ging er auf Theseus los. Ein Kampf auf Leben und Tod entbrannte. Theseus nahm schließlich all seine Kraft und seinen Mut zusammen, stieß dem Ungeheuer das Schwert in den Nacken und trennte ihm den Kopf ab.

WO GIBT'S DAS?

Der mythische Minotaurus lebte im Labyrinth von Knossos, einem Ort auf der griechischen Insel Kreta im östlichen Mittelmeer. Theseus, der Held, der das Untier besiegte, kam aus Athen auf dem griechischen Festland.

WISSENSWERTES AM RANDE

- Der Mythos von Theseus und dem Minotaurus könnte einen historischen Hintergrund haben und das Ende der minoischen Macht über die Griechen um 1450 v. Chr. illustrieren.
- Fresken und Kunstwerke aus Kreta zeigen Athleten beim todesverachtenden Stiersprung. Jeder stand einem wilden, unberechenbaren Stier gegenüber, musste seine Hörner packen und darüber springen oder einen Salto über den Rücken des Stiers machen.
- Ein weiteres Ungeheuer der Griechen war der Nemeische Löwe: Er war unverwundbar.

ONI

HÄNDE
Onis sind unglaublich stark und können mit ihren Klauen Wände niederreißen.

HÖRNER
Onis haben meist drei Hörner, entweder wie die eines Stiers oder wie aufgerichtete Schlangen mit giftstarrenden Fangzähnen.

GESICHT
Manche Gaki-Onis haben Pferde- oder Kuhköpfe, doch die meisten haben menschliche Gesichter – fast: in der Stirn sitzt ein drittes Auge, und der Mund reicht von einem Ohr zum anderen.

ZÄHNE
Onis haben lange, geschwungene Reißzähne wie Tiger und manchen Erzählungen zufolge lieben sie Menschenfleisch.

BEKLEIDUNG
Im chinesischen Mythos trennt ein Kimon, ein Teufelstor, die Dämonen von den Menschen – und da es im Tierkreis dem Tiger gegenüberliegt, trägt der Oni meist ein Tigerfell.

Fröhlich pfeifend bei der Arbeit erschreckt dieses Geistwesen besonders gern die Japaner. Es entgeht seiner Entdeckung, indem es pfeilschnell durch die Luft fliegt oder menschliche Gestalt annimmt. Ursprünglich war der Oni eine Shinto-Gottheit, wurde aber im 6. Jahrhundert in Japan nach dem Eindringen des Buddhismus aus China ein böser Geist. In seiner irdischen Gestalt verursacht er Unglück, Hungersnöte und Krankheiten, in seiner dämonischen Form raubt er Seelen von Sündern. Onis haben rote oder grüne Haut, riesige Bäuche und ständig Hunger.

Die Bewohner dieses kleinen japanischen Dorfs schwelgen in seliger Unwissenheit: Über ihnen schwebt der gefährliche Oni und wartet nur darauf, sie mit seinem Fluch zu verdammen. Während er über ihnen schwebt und noch überlegt, welches Unheil er heraufbeschwören kann, führen die Dorfbewohner ihr Alltagsleben, ohne sich bewusst zu sein, dass sich ihr Leben bald völlig ändern wird. Welche Form der Zerstörung der Oni bringt, weiß niemand. Seine reine Stärke und Macht kann ein Erdbeben heraufbeschwören, eine tödliche Krankheit oder auch eine schreckliche Hungersnot.

WO GIBT'S DAS?

Onis in der Welt der Lebenden gibt es nur in Japan, auch wenn sie ursprünglich aus China stammen sollen. In der Welt der Geister oder der Unterwelt Jigoku (Hölle) gibt es weitere Onis, die Gaki genannt werden.

WISSENSWERTES AM RANDE

- Eine Frau kann sich unter dem Einfluss von Eifersucht oder Kummer in einen Oni verwandeln. Onis können auch die Seelen von Menschen sein, die vor Hunger oder Elend gestorben sind.

- Der buddhistische Weise Nichiren betrachtete Onis als Strafe für die Sünden der Japaner und gründete eine Schule, um die Lage der Menschen zu verbessern.

- Weibliche Onis sehen zwar wie wunderschöne Frauen aus, neigen aber zu gewaltsamen Wutausbrüchen.

VOGEL ROCK

RIESIGE SCHWINGEN
Marco Polo zufolge hat der Vogel Rock eine Spannweite von 15 m und 7 m lange Federn.

GEFIEDER
In manchen Geschichten ist der Vogel Rock ganz und gar strahlend weiß, wie seine Eier.

VERWIRRENDES MAUL
Der spitze Hakenschnabel ist voll mit dolchartigen Zähnen. Die Zunge ist gespalten wie bei einer Schlange und leckt auch die letzten Bluttropfen eines Opfers auf.

BÖSE AUGEN
Mit Augen, jedes größer als ein Menschenkopf, erspäht der Vogel Rock auch weit entfernte Opfer – wenn er nicht gerade seine Eier bewacht.

SCHARFE KRALLEN
Der Vogel Rock kann mit einer Klaue einen Elefanten packen und ihm mit einem Schlag einer seiner Klauen den Bauch aufschlitzen.

Die Mannschaft eines Handelsschiffs vor der Küste von Madagaskar konnte kaum glauben, was sie sah: Ein riesiger Vogel flog über sie hinweg – mit einem Elefanten in den Klauen! Entsetzt sahen sie ihn landeinwärts fliegen, wobei der baumelnde Elefant vor Angst trompetete, und hinter einem Hügel verschwinden. Während sich die Seeleute noch aufgeregt darüber unterhielten, was sie da gesehen hatten, erreicht der Rock sein Nest, wo ihn seine Jungen mit Geschrei empfangen. Der große Vogel reißt den Elefanten in Stücke und füttert seine Brut damit. Doch ihr Hunger ist unersättlich, und bald fliegt er wieder los – und direkt auf das Schiff zu.

GRÖSSE

Stell dir einen Vogel vor, so groß wie ein großes Flugzeug, mit Krallen wie Säbel und einem riesigen Schnabel voller spitzer Zähne. Die alten Perser taten das und nannten ihn den Vogel Rock. Er ist ein mythisches Tier von enormer Größe und Stärke, der meist in Madagaskar angesiedelt wird. Der Rock ist der perfekte Sturmvogel. Wo er hoch am Himmel erscheint, wird der Tag zur Nacht, grollt der Donner und zucken die Blitze. Sein Flügelschlag löst Windböen aus, die Schiffe versenken, Bäume entwurzeln und Häuser zerstören. Sein Nest ist ein fabelhaftes, mit Juwelen gefülltes Tal, in dem er riesige, gigantisch schimmernde weiße Eier legt. Entsetzte Seeleute packt er mit den Klauen, reißt sie in Stücke und verfüttert sie an seine Jungen.

WO GIBT'S DAS?

Geschichten über den Vogel Rock entstanden in Persien, dem heutigen Iran. Den ältesten Erzählungen zufolge landete er nur manchmal auf dem Berg Qaf im heutigen Pakistan. Die meisten Quellen sind sich jedoch einig, dass er aus Madagaskar stammen solle.

WISSENSWERTES AM RANDE

- In einer Erzählung aus den berühmten Geschichten aus 1001 Nacht verärgern die Leute von Sindbad dem Seefahrer ein Paar Rocks, indem sie eines ihrer Eier zerstören. Die Rocks rächen sich, indem sie sie mit Felsen bewerfen und eines der beiden Schiffe versenken.

- Einer Legende zufolge sammelten Kaufleute Juwelen aus dem Tal des Rocks, indem sie riesige Stücke Hammelfleisch von den umliegenden Hügeln ins Tal stießen. Während das Fleisch ins Tal rollte, klebten etliche Juwelen daran fest. Die Rocks stießen herab, stürzten sich auf das Fleisch – doch bevor sie es in ihr Nest tragen konnten, störten die Kaufleute die Vögel, sodass sie das Fleisch zu ihren Füßen fallen ließen.

- Angeblich war der Vogel Rock so stark, dass er ein Rhinozeros und einen Elefanten zugleich tragen konnte.

SKYLLA

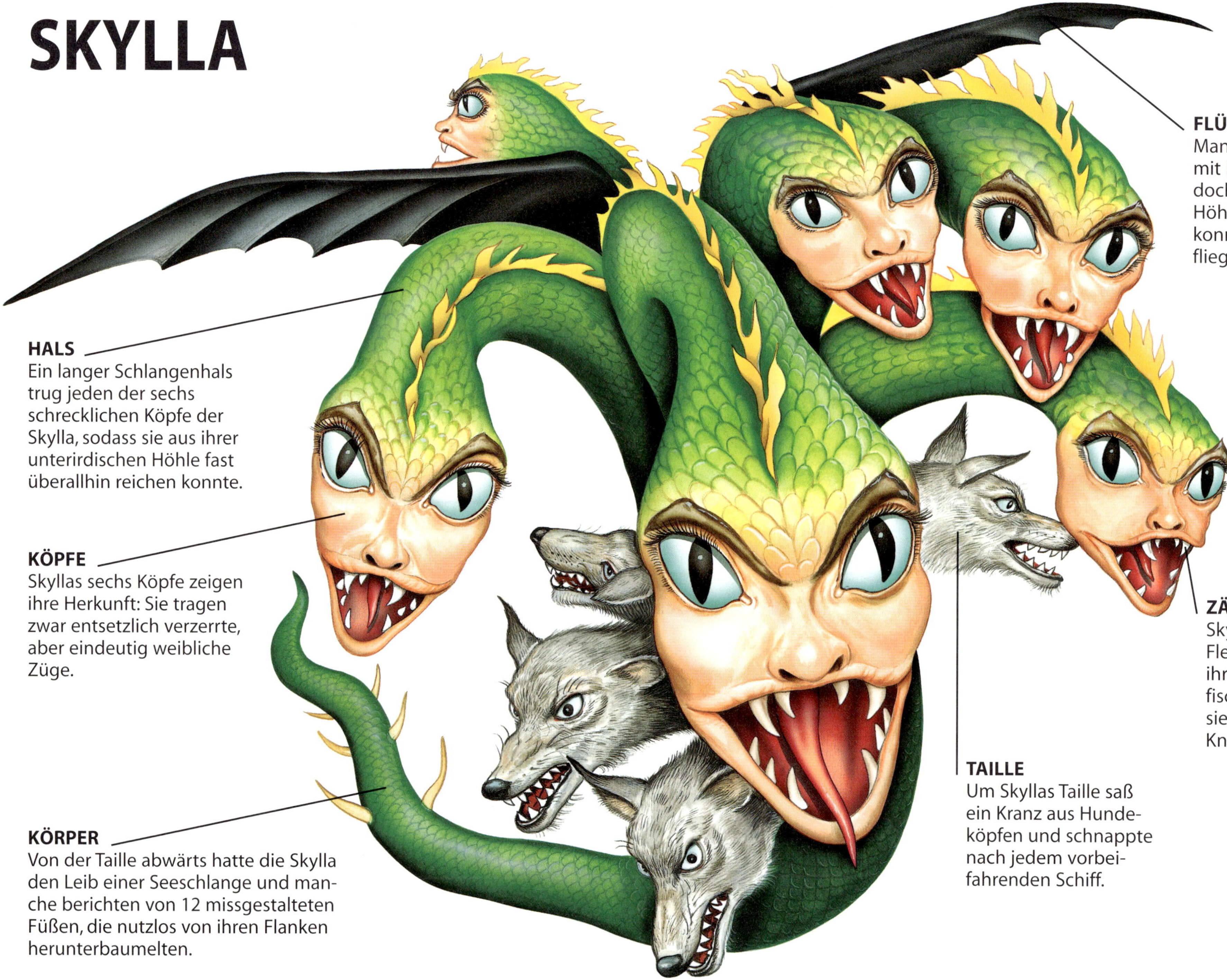

FLÜGEL
Manchmal wird Skylla mit Flügeln dargestellt, doch da sie in ihrer Höhle angewurzelt war, konnte sie nicht fliegen.

HALS
Ein langer Schlangenhals trug jeden der sechs schrecklichen Köpfe der Skylla, sodass sie aus ihrer unterirdischen Höhle fast überallhin reichen konnte.

KÖPFE
Skyllas sechs Köpfe zeigen ihre Herkunft: Sie tragen zwar entsetzlich verzerrte, aber eindeutig weibliche Züge.

ZÄHNE
Skylla war ein reiner Fleischfresser. Mit ihren Reihen von Haifischzähnen konnte sie leicht Fleisch von Knochen fetzen.

TAILLE
Um Skyllas Taille saß ein Kranz aus Hundeköpfen und schnappte nach jedem vorbeifahrenden Schiff.

KÖRPER
Von der Taille abwärts hatte die Skylla den Leib einer Seeschlange und manche berichten von 12 missgestalteten Füßen, die nutzlos von ihren Flanken herunterbaumelten.

Circe riet Odysseus, dicht an die italienische Küste heranzufahren, wenn er die Straße von Messina passieren wolle. Und tatsächlich segelt er sicher um den schrecklichen Strudel der Charybdis herum. Doch dann taucht Skylla aus ihrer Höhle auf. Odysseus kann ihren Angriff nicht aufhalten und muss hilflos mit ansehen, wie Skyllas Köpfe sich über sein Schiff beugen und mehrere seiner besten Seeleute packen. Er kann nur weitersegeln, heraus aus der Gefahr, während seine Seeleute entsetzt schreien.

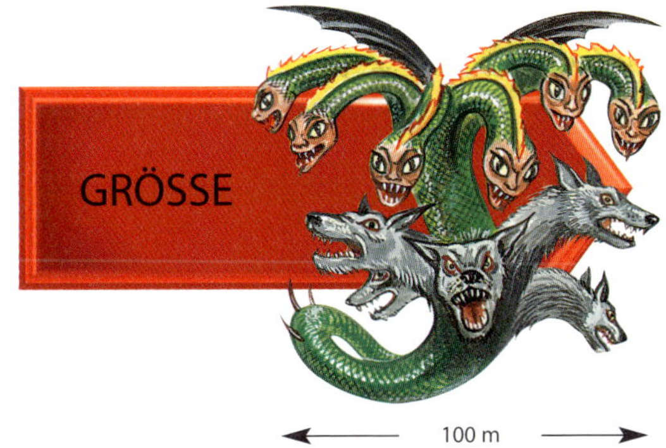

Seeleute in der Meerenge zwischen Italien und Sizilien hatten nur geringe Chancen, der Skylla mit ihren schrecklichen scharfen Zähnen und ihrem Gürtel aus knurrenden, bissigen Hunden auszuweichen. Sie wurde erstmals in der *Odyssee* des griechischen Dichters Homer und später in den Metamorphosen des römischen Dichters Ovid beschrieben. Skylla war zunächst ein wunderschönes Mädchen, bis die eifersüchtige Zauberin Circe sie in ein Monster verwandelte. Hunderte von Seeleuten endeten in ihrem Maul. Vorübergehend war ihre Macht gebrochen, nachdem Herakles sie mit seiner Keule erschlagen hatte, doch ihr Vater konnte sie wiederbeleben, und so gefährdet sie die Straße von Messina bis heute.

WO GIBT'S DAS?

Skylla und Charybdis bewachten die Straße von Messina zwischen Italien und Sizilien. Skylla lag auf der italienischen Seite, Charybdis lauerte bei Kap Peloro auf Siziliens Ostspitze.

WISSENSWERTES AM RANDE

- In manchen Versionen des Mythos wird Skylla schließlich in einen Felsen verwandelt. Dieser steht bis heute und ist eine Gefahr für vorbeifahrende Schiffe.
- Vermutlich beruhten Skylla und ihre Köpfe auf Berichten von Seeleuten über riesige Tintenfische, die Schiffe attackierten.
- Bis heute kommt es in der Straße von Messina zu gefährlichen Wirbeln; auch in der Vergangenheit wurden immer wieder Schiffe von solchen Wirbeln erfasst und in die Tiefe gezogen.

SPHINX

FLÜGEL
Riesige Flügel trugen die Sphinx hoch in die Luft, von wo aus sie das Land beobachten und auf Leute herabstoßen konnte.

KOPF
Die Sphinx hatte den Kopf einer Frau mit Vampirzähnen, mit denen sie ihre Opfer aussaugte.

KLAUEN
Verflixt lang und scharf, nagelten diese Klauen die Opfer der Sphinx auf den Boden.

VORDERTATZEN
Mit ihren riesigen Vordertatzen hielt die Sphinx ihre Opfer am Boden fest, ehe sie ihnen mit wenigen Bissen das Genick brach.

SCHWANZ
In vielen Versionen des Mythos hat die Sphinx eine Schlange als Schwanz. Ein Biss ihrer Giftzähne reichte aus, um auch den stärksten und entschlossensten Gegner zu lähmen.

HINTERBEINE
Die kräftigen Hinterbeine ließen Opfern, die das Rätsel der Sphinx falsch beantwortet hatten, keine Chance, so schnell stürzte sich das Untier mit ihrer Hilfe auf sie.

KÖRPER
Manche Quellen sagen, die Sphinx habe den Körper eines Hundes gehabt, anderen zufolge war es ein Löwenkörper. Gleich wie, er strotzte vor Muskeln dank regelmäßiger Mahlzeiten mit frischem Menschenfleisch.

Hoch auf dem Berg Phikion bei Theben sitzt die Sphinx und beobachtet einen schmalen Pfad. Niemand kann ihn passieren, ohne die richtige Antwort auf Ihr Rätsel zu finden – sie hat es von den Musen, den Göttinnen der Künste, gelernt und ist sicher, dass es kein Sterblicher beantworten kann. Da kommt wieder ein nichts ahnender Wanderer. Nervös ruft er: „Sag mir dein Rätsel, o mächtige Sphinx!" Sie fixiert ihn mit ihrem Blick, leckt sich die Lippen und sagt in einem eigenartigen Singsang: „Was geht am Morgen auf vier Beinen, am Mittag auf zwei Beinen und am Abend auf drei Beinen, und je mehr Beine es hat, desto schwächer ist es?" Vor Angst zitternd, schlägt der Mann vor: „Ein Grashüpfer?" – „Falsch!", schreit die Sphinx und ehe der Mann entkommen kann, nagelt sie ihn mit ihren Krallen auf den Boden und schlägt ihre Zähne in seinen Hals.

Dieses grausame Ungeheuer des griechischen Mythos gab allen, die an ihm vorbei wollten, ein Rätsel auf. Wer die Antwort nicht wusste, wurde zerrissen und gefressen. Die Sphinx war ein entsetzliches Wesen mit einem Frauenkopf, Adlerschwingen, dem Körper eines Löwen und einem Schlangenschwanz. Sie terrorisierte die armen Leute von Theben in Griechenland von ihrem Sitz auf der Höhe eines Berges aus. Besiegt wurde sie schließlich von dem griechischen Helden Ödipus, der direkt auf sie zuging und sie nach ihrem Rätsel fragte. Zu ihrer großen Verblüffung antwortete er zutreffend: „Der Mensch." Voll Zorn stürzte sich die Sphinx von ihrem Felsen und fiel kreischend in den Tod im darunter liegenden tiefen Tal.

WO GIBT'S DAS?

Darstellungen der Sphinx gibt es aus dem gesamten Mittelmeergebiet. Im griechischen Mythos kam die Sphinx aus Äthiopien und lebte auf dem Berg Phikion, möglicherweise der heutige Berg Parnass, bei Theben in Griechenland.

WISSENSWERTES AM RANDE

- „Sphinx" bedeutet „Würger" und kommt vom altgriechischen Verb „sphingo", was so viel bedeutet wie jemanden erwürgen.

- Seit sie vor über 4000 Jahren gemeißelt worden war, verbrachte die große Sphinx in Ägypten die meiste Zeit in Sand begraben. Ihr Kopf ist stark verwittert und verlor irgendwann seinen Bart und seine Nase. Dass die Truppen von Napoleon Bonaparte (1769–1821) ihn 1798 für Schießübungen benutzten, machte seinen Erhaltungszustand nicht besser.

DONNERVOGEL

Die Nootka, ein Stamm auf Vancouver Island vor British Columbia, nannten den Donnervogel Tootooch. Für sie war der Donnervogel der einzige Überlebende von vier Vögeln, die Wale jagten. Der Gott Quawteaht verwandelte sich in einen Wal und wartete, bis ihn die Vögel angriffen. Dann tauchte er tief hinab und nahm drei mit in den Tod, der überlebende flog hoch hinauf in den Himmel. Die Geschichte erklärt, warum Unwetter aus einer einzigen Himmelsrichtung kommen. Bei den Quillayute, einem Volk auf der Olympic-Halbinsel im Staat Washington, sind Donnervogel und Killerwal tödliche Feinde. Einst kämpften sie miteinander, erschütterten Berge und entwurzelten Bäume und schufen weite baumlose Ebenen. Jedes Mal, wenn der Donnervogel den Killerwal mit seinen scharfen Krallen packte, konnte der Wal entkommen, bis er sich schließlich tief ins Meer zurückzog.

Amerikanische Ureinwohner wissen es genau: Dieser riesige zweiköpfige Raubvogel bringt Donner und Blitz an den Himmel. Blitze schießen aus seinen Augen, Sturmwolken trägt er auf seinen Schwingen, ein ganzer See voll Wasser auf seinem Rücken sorgt für sintflutartigen Regen. Doch in der Mythologie bedeutet der Donnervogel für jeden Stamm etwas anderes: manche halten ihn sogar für den großen Schöpfergott, der Himmel und Erde schuf. Auch in Afrika und Australien haben Eingeborene ähnliche Traditionen wie den Donnervogel, die sicher vom Anblick kreisender Adler oder Geier hoch am Himmel inspiriert sind.

WO GIBT'S DAS?

Donnervögel gehören zu dem Glaubenssystem vieler unterschiedlicher Ureinwohner Nord- und Mittelamerikas, von den Inuit in Alaska bis zu den Azteken in Mexiko. Diese Riesenvögel leben entweder in den Wolken oder in entfernten Berghöhlen.

WISSENSWERTES AM RANDE

- Viele amerikanische Stämme behaupten, den Donnervogel gesehen zu haben. Und in Süddakota soll er riesige Fußabdrücke hinterlassen haben. Sie liegen 40 km weit auseinander in einem Gebiet, das als *Thunder Tracks* (Donnerspuren) bezeichnet wird, in der Nähe des St.-Peter's-Flusses.

- Manche Geschichten berichten, der Donnervogel lebe in einer Berghöhle und speichert seine Nahrung in einem dunklen Loch im Eis. Wenn Jäger zu nahe kommen, rollt er riesige Eisbrocken ins Tal, um sie zu vertreiben.

DRACHE

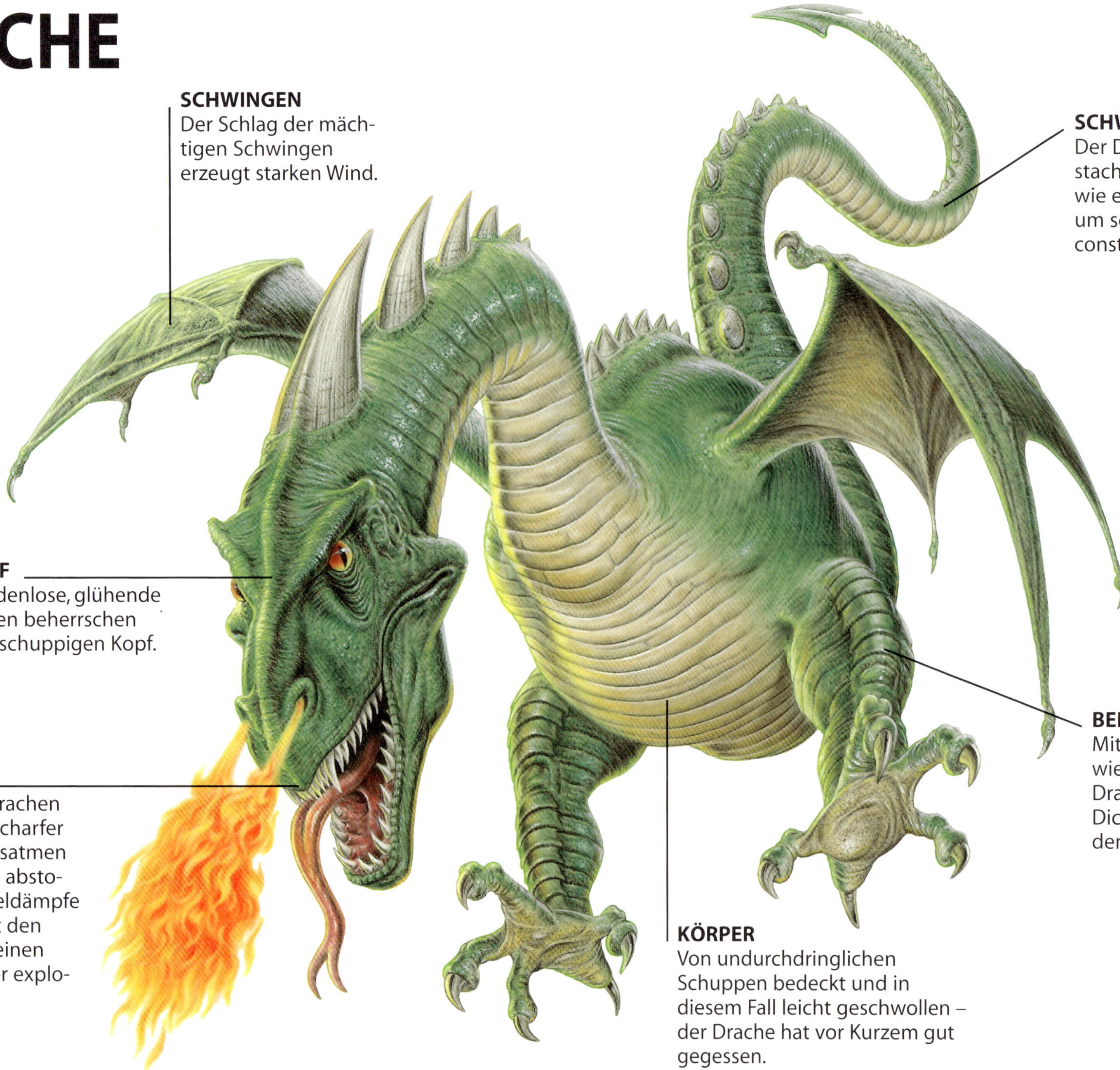
SCHWINGEN
Der Schlag der mächtigen Schwingen erzeugt starken Wind.

SCHWEIF
Der Drache benutzt seinen stachelbewehrten Schweif wie eine Keule oder legt ihn um seine Opfer wie eine Boa constrictor und drückt zu.

KOPF
Gnadenlose, glühende Augen beherrschen den schuppigen Kopf.

BEINE
Mit seinen Beinen so stark wie Baumstümpfe kann der Drache Häuser eintreten. Dicke Muskeln verleihen den Klauen ungeheure Kraft.

MAUL
Das Maul des Drachen ist voller sichelscharfer Zähne. Beim Ausatmen stößt er Wolken abstoßender Schwefeldämpfe aus, die sich mit den Flammen aus seinen Nüstern zu einer explosiven Mischung verbinden.

KÖRPER
Von undurchdringlichen Schuppen bedeckt und in diesem Fall leicht geschwollen – der Drache hat vor Kurzem gut gegessen.

Der Drache des europäischen Mittelalters ist zweibeinig. Er ist eines der wildesten Tiere, das je erdacht wurde, mit faulem, stinkendem Atem und entsetzlichen Zähnen. Mit einem einzigen Schlag seines stachligen schlangenartigen Schwanzes löscht er ganze Dörfer aus und zerquetscht die Opfer in seinen schuppigen Klauen. Seine Größe, Stärke und Beweglichkeit in der Luft machten es fast unmöglich, ihn zu besiegen. Mit mächtigen Schlägen seiner lederartigen Schwingen tötete er auch aus der Luft. Töten konnte man ihn nur mit einem gezielten Schuss in sein offenes Maul oder in die Öffnung hinter seinen Beinen.

Als Hüter von Schätzen oder Entführer von Jungfrauen wurden Drachen von vielen Helden herausgefordert. Seine großen Vorräte aus Gold, Silber und kostbaren Steinen, die er in einem langen Leben mit Schrecken und Zerstörung angehäuft hatte, lockten Dutzende gieriger Abenteurer in den Tod. Um einen Drachen zu töten und berühmt zu werden, musste ein Held unglaublich stark und tapfer sein – und Glück haben. Erst wenn er sicher sein kann, dass das Untier wirklich tot ist, konnte er sich an der Beute weiden.

WO GIBT'S DAS?

Drachen gibt es in der ganzen Welt. Zweibeinige Drachen wie unserer tauchen jedoch nur in Mythen und Volkssagen Nordeuropas auf, besonders in Frankreich, Deutschland, Großbritannien und Skandinavien.

WISSENSWERTES AM RANDE

- Drachen sind in vielen Kulturen alt und weise. Sie haben gelernt, Menschen auszuweichen, und sind schwer zu finden.
- Viele Städte und Länder tragen Drachen in ihrem Wappen als Symbol der Stärke.
- Wie Stiere reagieren Drachen auf die Farbe Rot mit Zorn und Angriffslust. In einer Sage aus Wales lenkte ein Drachenjäger einen Drachen ab, indem er ein rotes Tuch in einen Fluss warf. So konnte er den Drachen mit einem Pfeil erlegen.
- Bis zum 16. Jahrhundert hielten die Menschen Knochen von prähistorischen Tieren für Drachenknochen. In der österreichischen Stadt Klagenfurt modellierte ein Bildhauer im 16. Jahrhundert den Kopf des bronzenen Lindwurms nach dem Vorbild eines in der Nähe gefundenen Schädels, der später als Kopf eines Wollnashorns identifiziert wurde.

DRACULA

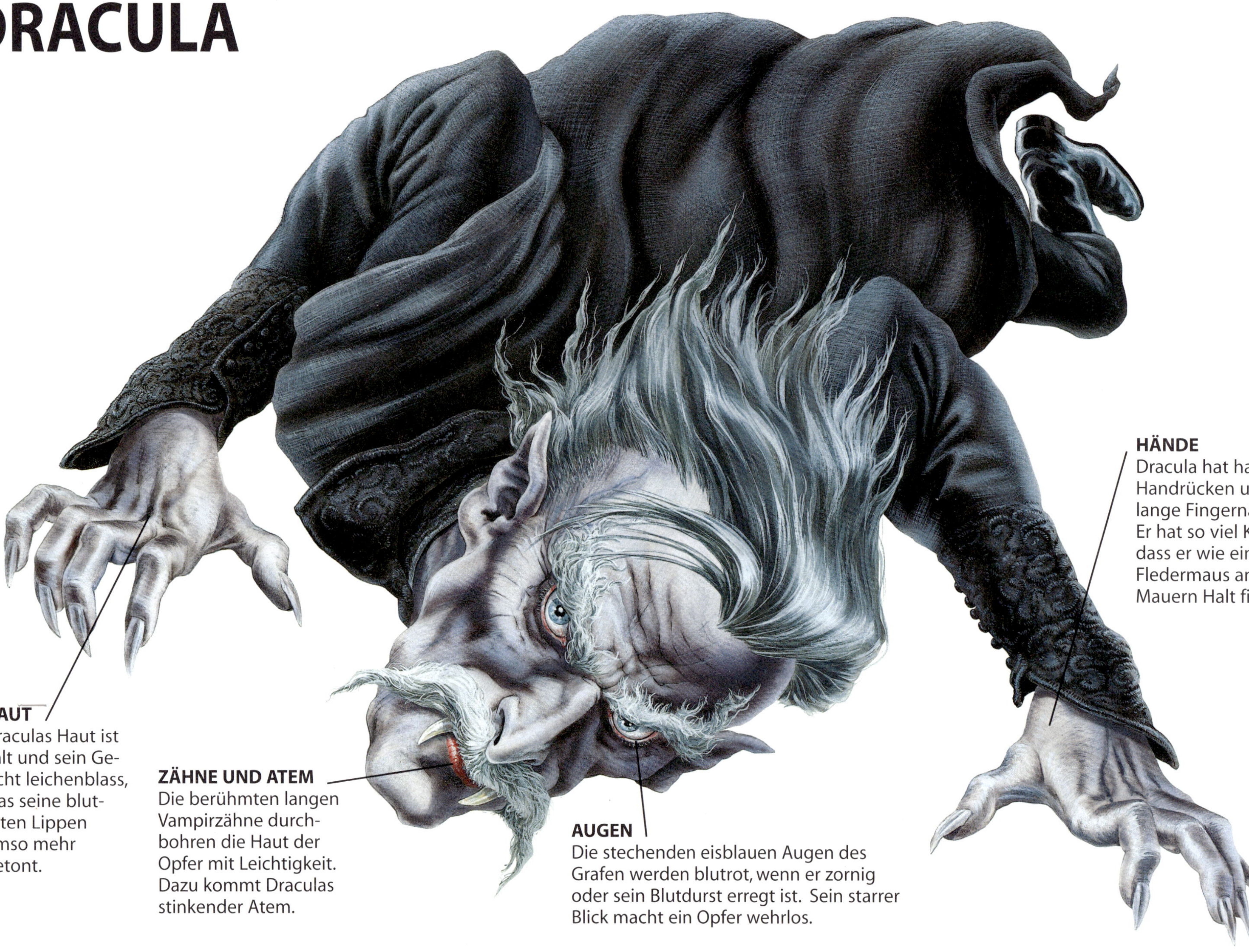

HAUT
Draculas Haut ist kalt und sein Gesicht leichenblass, was seine blutroten Lippen umso mehr betont.

ZÄHNE UND ATEM
Die berühmten langen Vampirzähne durchbohren die Haut der Opfer mit Leichtigkeit. Dazu kommt Draculas stinkender Atem.

AUGEN
Die stechenden eisblauen Augen des Grafen werden blutrot, wenn er zornig oder sein Blutdurst erregt ist. Sein starrer Blick macht ein Opfer wehrlos.

HÄNDE
Dracula hat haarige Handrücken und lange Fingernägel. Er hat so viel Kraft, dass er wie eine Fledermaus an Mauern Halt findet.

In seinem berühmten Buch *Dracula* schuf Bram Stoker 1897 ein Wesen der Nacht, das sich von Blut ernährt und dabei seine Opfer zu Vampiren macht. Dracula war ein jahrhundertealter Vampir, ein Untoter, der das Blut von Menschen trank, um unsterblich zu bleiben. Er lebte in einem entlegenen Schloss hoch in den Bergen von Transsylvanien in Rumänien und konnte sich in eine Fledermaus, einen Hund oder eine Nebelwolke verwandeln, um seine Untaten zu verüben.

Bram Stokers finstere Geschichte endet mit einem tapferen Team von Vampirjägern, unter ihnen Jonathan Harker und sein Freund Quincey Morris, die den Grafen von England zurück nach Transsylvanien verfolgen. Als sein Schloss in Sicht kommt, holen sie endlich seinen von Pferden gezogenen Sarg ein, als gerade die Nacht hereinbricht. Harker und Morris stürmen an den Helfern des Vampirs vorbei, holen den Sarg aus der Kutsche und brechen ihn auf. Die Augen des erwachenden Grafen brennen vor Hass und Triumph, doch während die Sonne untergeht und seine Kraft zurückkehrt, schlägt Harker seinen Kopf ab und sticht Morris sein Messer tief in sein Herz. Binnen weniger Sekunden zerfällt Dracula zu Staub. Seine finstere Karriere ist endlich vorbei.

WO GIBT'S DAS?

Draculas Stammschloss ist ein Schloss in den Bergen von Transsylvanien in Rumänien. In Bram Stokers Roman segelt er nach Whitby in Nordengland, zieht von dort nach London und wird zurück zu seinem Schloss gejagt, wo seine Schreckensherrschaft endet.

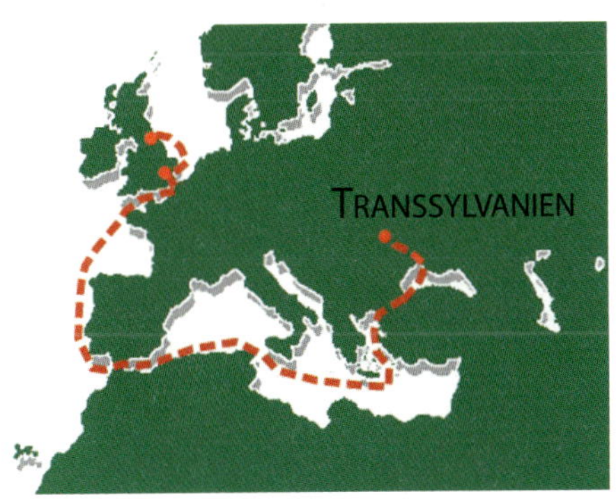

WISSENSWERTES AM RANDE

- Bram Stoker schrieb seinen *Dracula* nach einem Albtraum, in dem ein Graf eine schöne junge Frau stoppt, die seine Kehle küsst und sagt: „Dieser Mann gehört mir!"
- Stoker wählte den Namen Dracula, nachdem er von Vlad Dracul gehört hatte, einem brutalen rumänischen Herrscher im 15. Jahrhundert. „Dracula" bedeutet auf Rumänisch „Teufel".
- Vlad Dracul wird auch Vlad der Pfähler genannt, da er seine Gegner auf hölzerne Pfähle zu spießen pflegte.

FRANKENSTEINS MONSTER

HÄNDE
Die riesigen Hände legen sich leicht um den Hals anderer Leute und drücken ihnen die Luft ab.

KÖRPER
Der Unhold strotzt vor Muskeln und ist 2,50 m groß, wodurch er alle Menschen überragt. Kopf, Beine, Arme, Torso – alle Teile stammen von den Leichen besonders großer Leute.

GESICHTSZÜGE
Die Augen des Unholds sind gelb und wässrig. Schwarzes Haar flattert wild um sein Gesicht, ein grob genähtes Flickwerk aus verschrumpelter Haut.

HAUT
Die Haut des Unholds ist straff, aber gelblich-grau wie die von Leichnamen.

Frankensteins Monster ist ein besonders übler Nachtmahr: ein Geschöpf eines verrückten Wissenschaftlers, das ringsum mörderisches Unheil anrichtet. Es ist von riesenhafter Gestalt, zusammengenäht aus Teilen gestohlener Körper, auf geheimnisvolle Weise zum Leben erweckt und mit übernatürlichen Kräften ausgestattet. Es rächt sich an der Welt, als es von seinem Schöpfer, Victor Frankenstein, abgelehnt wird. Der Unhold wurde 1816 in einer stürmischen Nacht von Mary Godwin (später Mary Shelley) geträumt.

WO GIBT'S DAS?

Frankenstein schuf sein Monster als Student an der Universität Ingolstadt. Es folgte seinem Schöpfer in die Alpen, nach England und Genf. Als Frankenstein es töten will, verfolgt er es ins Mittelmeer, ins Schwarze Meer und zuletzt in die Arktis.

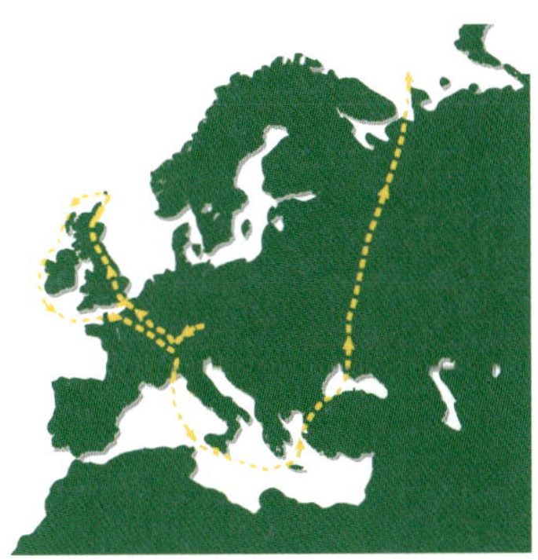

WISSENSWERTES AM RANDE

- 1831 berichtete Mary Shelley, wie die Geschichte *Frankenstein* entstand. Im Sommer 1816 war sie mit ihrem späteren Mann Percy Shelley, Lord Byron, dessen Freundin Clare Clairemont und dessen Arzt John Polidori in der Schweiz. Bei dem schlechten Wetter jenes Sommers konnten sie nicht ins Freie und beschlossen, jeder sollte eine Horrorgeschichte schreiben. Ihre war *Frankenstein*.

- *Frankenstein* erschien 1818 – anonym. Die Kritiker vermuteten, der Autor sei ein Mann gewesen, und waren entrüstet, als sie herausfanden, dass eine Frau das Buch geschrieben hatte.

- Als Mary Shelley ihre Geschichte schrieb, war sie beeinflusst von der Entdeckung des Galvanismus. 1791 hatte der Italiener Luigi Galvani entdeckt, dass elektrischer Strom die Beine eines toten Frosches zucken ließ. 1803 ließ sein Neffe Luigi Aldini Strom durch den Leichnam eines eine Stunde zuvor gehängten Mörders fließen, woraufhin Körperteile sich bewegten.

GARGANTUA

KOPF
Bevor er zwei Jahre alt war, war sein Kopf bereits so groß, dass für jeden seiner Hüte 450 Quadratmeter Stoff benötigt wurden.

BAUCH
Der fette Gargantua war so schwer, dass er ein Pferd von der Größe von sechs Elefanten benötigte, um ihn zu tragen.

FÜSSE UND BEINE
Gargantuas Strümpfe bestanden aus 500 Quadratmetern Wolle. Die Sohlen seiner Schuhe bestanden aus den Fellen von 1100 braunen Kühen.

HÄNDE
Seine fetten Finger konnten ganze Viehherden packen. Die Handschuhe, die er an kalten Tagen trug, waren aus der Haut von 16 Kobolden gemacht und mit drei Werwolffellen gefüttert.

Dieser Riese war für seinen riesigen Appetit und seine Größe bekannt. Einst riss er einen Baum aus und machte damit das Schloss seines Erzfeindes, König Picrochole, dem Boden gleich. Die Verteidiger wollten ihn töten, doch ihre Kanonenkugeln waren für ihn wie lästige Fliegen, die er zu Hause mit einem Kamm aus Stoßzähnen eines Elefanten aus seinem Haar herauskämmte. Im 16. Jahrhundert machte sich François Rabelais in seiner Version von Gargantua über die eitle und pompöse französische Gesellschaft lustig.

Sechs Pilger waren am Abend ohne Dach über dem Kopf und suchten Schutz im Gemüsegarten eines großen Schlosses, wo sie sich im Stroh zwischen riesigen Kohl- und Salatköpfen versteckten. Denn das Schloss gehörte Grandgousier, Gargantuas Vater. Da er Hunger hatte, griff sich Gargantua einige Köpfe Salat mit einer Hand und mit ihnen fünf der erschreckten Pilger. Er ertränkte sie fast, als er sie mit Essig und Öl anmachte, und stopfte sie mit dem Salat in seinen Mund. Der letzte Pilger hatte sich unter einem Blatt versteckt, doch sein Stab sah hervor, und Gargantua, der ihn für das Auge einer Schnecke hielt, stopfte auch ihn in den Mund. Dann stieß einer der Pilger, der mit seinem Stab vor sich hin tappte, an den Nerv eines kaputten Zahns. Vor Schmerz aufjaulend, fischte Gargantua nach einem Zahnstocher und ließ die Pilger los, die um ihr Leben rannten.

WO GIBT'S DAS?

Von einem Riesen names Gargantua berichteten schon Jahrhunderte, bevor Rabelais sein Buch schrieb, keltische Geschichten in der Bretagne. Rabelais wurde in Chinon geboren, einer Stadt südwestlich von Paris. Hier siedelte er viele Abenteuer von Gargantua an.

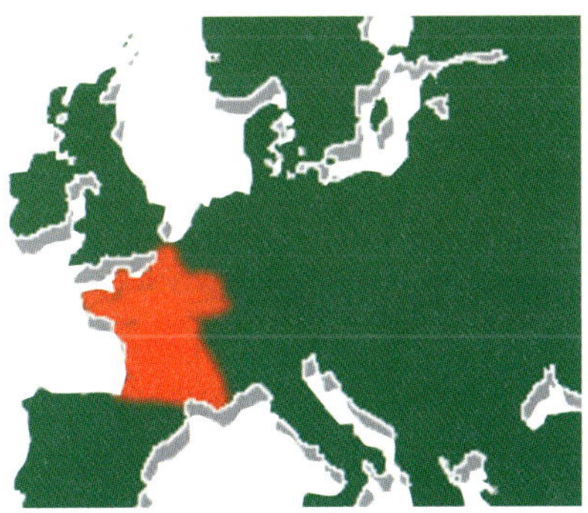

WISSENSWERTES AM RANDE

- Bis heute bedeutet in Frankreich das Wort „gargantuan" riesig und wird oft in Zusammenhang mit riesigem Appetit verwendet.
- Der größte bekannte Mensch der Welt war der Amerikaner Robert Wadlow. Als er zuletzt 1940, kurz vor seinem Tod im Alter von 23 Jahren, gemessen wurde, war er 2,72 m groß.
- Rabelais schrieb, dass Gargantua einen Sohn bekam, Pantagruel, als er nicht weniger als 524 Jahre alt war.

GODZILLA

ARME
Sie dienen zum Greifen und Schlagen. Oft packt Godzilla seine Opfer und schleudert sie weit fort.

MAUL
Godzillas Maul ist voller metallharter Zähne, es sendet aber auch einen radioaktiven Strahl aus, der für Menschen tödlich ist und Gebäude zerstört.

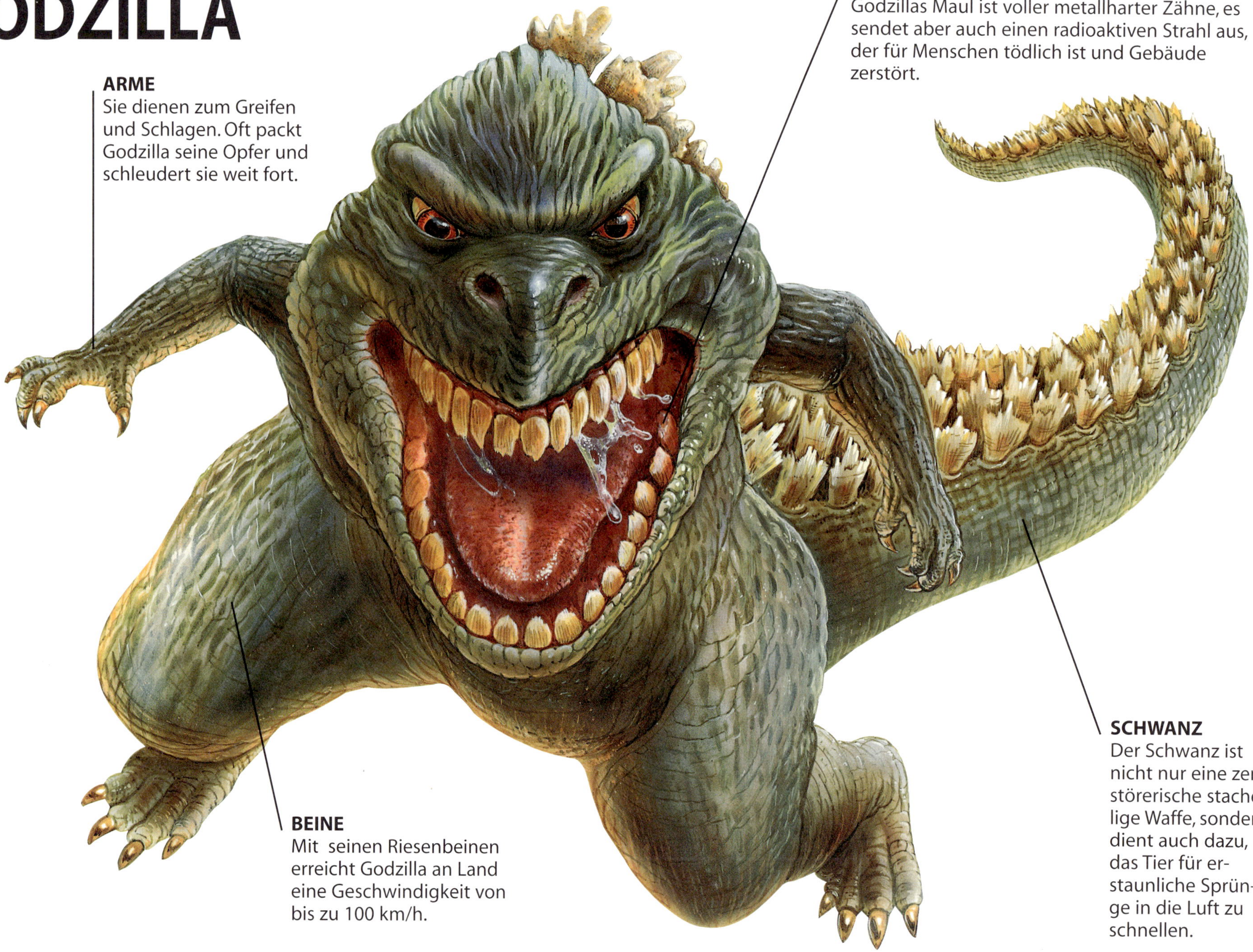

BEINE
Mit seinen Riesenbeinen erreicht Godzilla an Land eine Geschwindigkeit von bis zu 100 km/h.

SCHWANZ
Der Schwanz ist nicht nur eine zerstörerische stachelige Waffe, sondern dient auch dazu, das Tier für erstaunliche Sprünge in die Luft zu schnellen.

Godzilla war ein Überbleibsel aus prähistorischer Zeit, eine Art Dinosaurier, der Godzillosaurus. Verletzt und erweckt während des Pazifikkrieges durch Minen der Amerikaner mutierte das große Tier nach späteren Atomtests in dieser Region und wurde 91 Meter groß. Als er sich der Welt zuwendet, die ihn aus seinem prähistorischen Schlummer geweckt hat, entwickelt er entsetzliches zerstörerisches Potenzial. Er ist fast unzerstörbar, da moderne Geschosse und Bomben an seiner panzerartigen Haut abprallen. Er hat auch eigene Waffen, darunter je nach Story des Films einen tödlichen Atomenergiestrahl, den er aus seinem riesigen, offenen Maul aus abfeuert.

WO GIBT'S DAS?

Godzilla hat in Comicheften und Filmen die ganze Welt bereist, doch er stammt von der Insel Lagos in der Nähe der Marshall-Inseln im Südpazifik. Dies ist eine tropische Inselgruppe, die im Zweiten Weltkrieg verwüstet wurde.

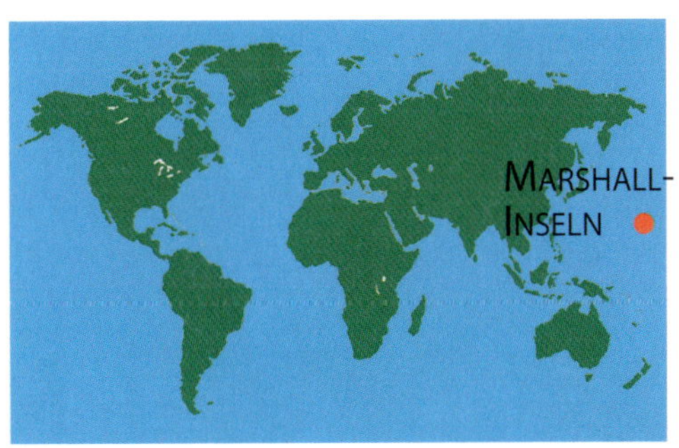

Beim Schwimmen im Meer – unter Wasser erreicht er die Geschwindigkeit eines Atom-U-Boots – entdeckt Godzilla die Lichter von Tokio am Horizont. Er bewegt sich darauf zu und die Bürger von Tokio sehen seinen gigantischen Leib aus dem Wasser des Hafens auftauchen. Godzilla tappt in das Herz der Stadt, wirft dabei mit seinem Schwanz ganze Wolkenkratzer um, zertritt Autos, Lastwagen und Menschen unter seinen Füßen. Nachdem er einen großen Teil des Zentrums von Tokio zerstört hat, macht er kehrt und wandert ins Meer zurück.

WISSENSWERTES AM RANDE

- Godzilla tauchte erstmals 1954 im Kino auf, in einem Film der japanischen Toho Co. Ltd. Sein ursprünglicher Name war „Gojira", doch er wurde in der Übersetzung in Godzilla geändert, um den amerikanischen Sprachgewohnheiten zu entsprechen.

- Während seiner Karriere als Monster in Filmen und Comics kämpfte Godzilla mit zahllosen Monstern und Außerirdischen, darunter King Kong, Mothra und Titanosaurus.

- „Gojira" verbindet die japanischen Wörter für Gorilla und Wal.

KING KONG

GEHIRN
King Kongs Gehirn ist das eines massiven Raubtiers. Doch anders als viele Filmmonster verfügt er auch über fürsorgliche Gefühle.

KÖRPER
Mit rund 15 Metern stellt King Kong alle anderen Primaten in den Schatten. Er ist groß genug, um die prähistorischen Tiere von Skull Island zu bekampfen.

HÄNDE
Seine Hände können Menschen zerquetschen, aber wenn nötig auch mit Gegenständen und Menschen sehr vorsichtig umgehen.

ARME
Seine ungeheuer muskulösen Arme können Bäume packen und Autos durch die Luft wirbeln.

Nachdem er die Ketten seines Gefängnisses am Broadway zerbrochen hat, stapft Kong wütend durch New York, auf der Suche nach seiner menschlichen Liebe, Ann Darrow. Er pflückt sie aus einem Hotel und trägt sie vorsichtig in einer Hand durch die Stadt, während er mit der anderen mit Leichtigkeit Züge, Autos und Gebäude zermalmt. Schließlich besteigt er das Empire State Building und setzt Ann auf einen Sims, um den Angriff von vier Doppeldeckern der amerikanischen Marine abzuwehren. Er schafft es, eines der Flugzeugt aus der Luft zu schnappen, und zerdrückt es wie Streichhölzer. Doch sein Ende ist nahe. Von Maschinengewehrgeschossen fast durchlöchert, stirbt er schließlich und sein riesiger Körper stürzt in die Tiefe.

King Kong ist das ultimative natürliche Kaftpaket und eine echte Filmlegende. Der erste Film mit seinem Namen kam 1933 in die Kinos und er verblüffte das Publikum mit seiner knallharten Aggression und seiner unerwarteten Sanftheit. In der Story trifft ein amerikanisches Filmteam King Kong auf der geheimnisvollen Pazifikinsel Skull Island (Schädelinsel). Sie nehmen das Tier gefangen, schleppen ihn nach New York, um ihn am Broadway zu zeigen. Er flieht und kracht durch den Großstadtdschungel, bis er auf dem Empire State Building sein Ende findet. Doch unterwegs verliebt er sich noch in eine Menschenfrau, in Ann Darrow.

WO GIBT'S DAS?

King Kong wurde auf der geheimnisvollen Skull Island (Schädelinsel) im Pazifik gefangen genommen, auf der prähistorische Tiere und wilde Eingeborene leben. Von dort wurde er per Schiff nach New York verschleppt und hier schließlich auch getötet.

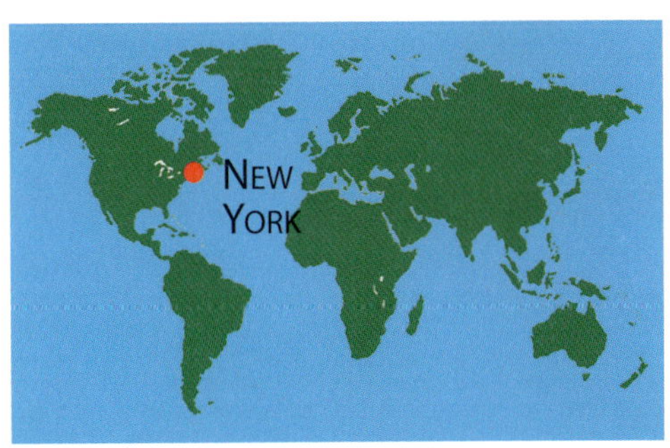

WISSENSWERTES AM RANDE

- King Kong trat seit seinem ersten Auftritt 1933 in zahlreichen Filmen auf, darunter dem japanischen Film *King Kong gegen Godzilla* von 1966 und dem 2005 erschienenen Epos *King Kong* von Peter Jackson, dem Regisseur der Trilogie *Der Herr der Ringe*.

- Der original *King-Kong*-Film verblüffte das Publikum der 1930er-Jahre mit erstaunlichen Tricks, die sehr überzeugend echte Menschen mit bewegten Modellen mischten.

- King Kong hat bis heute nichts von seiner Popularität verloren – der *King Kong* von 2005 spielte an seinem ersten Wochenende mehr als 50 Millionen Dollar ein.

MOTHRA

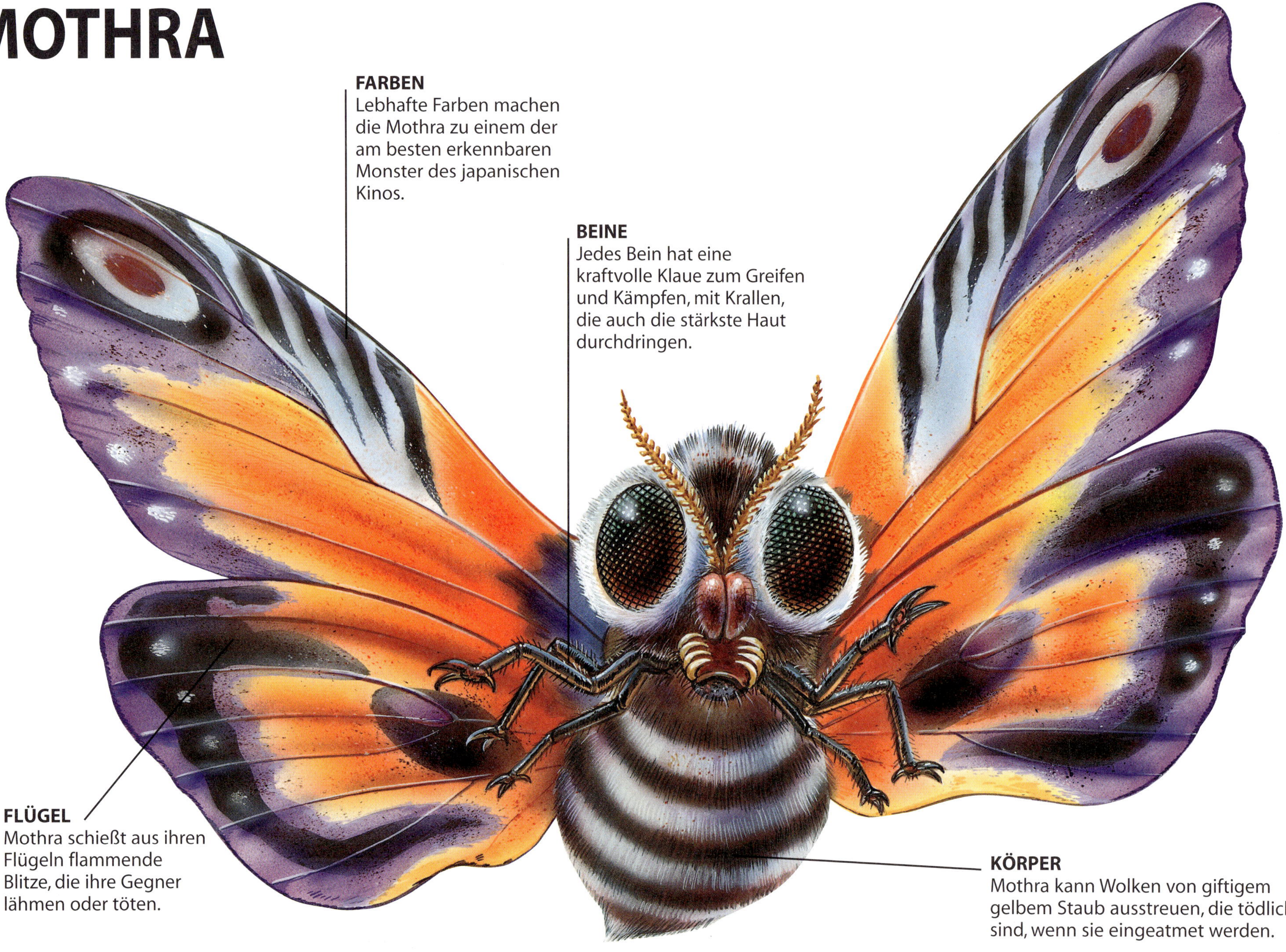

FARBEN
Lebhafte Farben machen die Mothra zu einem der am besten erkennbaren Monster des japanischen Kinos.

BEINE
Jedes Bein hat eine kraftvolle Klaue zum Greifen und Kämpfen, mit Krallen, die auch die stärkste Haut durchdringen.

FLÜGEL
Mothra schießt aus ihren Flügeln flammende Blitze, die ihre Gegner lähmen oder töten.

KÖRPER
Mothra kann Wolken von giftigem gelbem Staub ausstreuen, die tödlich sind, wenn sie eingeatmet werden.

Mothra fliegt in ihrer ganzen Farbenfülle über eine Stadt und hält ihren widerlichen Nachwuchs in den Beinen. Die Larve selbst ist ein imposantes Wesen, sie soll bis zu 180 m lang und 20.000 Tonnen schwer werden. Militärhubschrauber umkreisen das Paar, doch wenn Mothra beschließt, ihre Flügel auszufahren und pfeilschnell gen Himmel zu sausen, haben sie keine Chance. Trotz der bedrohlichen Szenerie ist Mothra der Menschheit zu Hilfe gekommen, zum Beispiel, als sie es mit Godzilla aufnahm.

Die Mothra ist ein angstauslösendes und überraschend modernes Ungeheuer. Im Prinzip ist sie eine Riesenmotte, doch zugleich noch mehr. Je nach Comicbuch oder Film kann dieser fliegende Schrecken bis zu 140 m lang werden und bis zu 15.000 Tonnen wiegen. Ihre ungeheuren Flügel ermöglichen es ihr, mit Supertempo zu fliegen, das selbst die modernsten Militärflugzeuge ernsthaft fordert. Trotz ihres Aussehens ist die Mothra hochintelligent und kommuniziert telepathisch mit Zwillingspriesterinnen, den Shobijin. Mothra kämpft auch gegen andere Monster wie Godzilla.

WO GIBT'S DAS?

Mothra ist wie Godzilla eine japanische Schöpfung. Erstmals trat sie 1961 in einem japanischen Film auf. Sie hat mit verschiedenen Monstern rings um ihr japanisches Heimatland gekämpft.

WISSENSWERTES AM RANDE

- Mothra war eine beliebte Serienfigur im japanischen Film. Sie trat zwischen 1961 und 2004 in 14 Titelrollen auf.
- Mothra macht den kompletten Lebenszyklus einer Motte oder eines Schmetterlings durch. Aus einem großen blauen Ei schlüpft sie als Raupe, verschwindet dann in einen massiven Seidenkokon, aus dem sie schließlich als fertige Mothra schlüpft.
- Mothra hat zahlreiche Spezialwaffen, darunter die Fähigkeit, Blitze abzuschießen.

BIGFOOT

ARME
Die Arme sind im Verhältnis zum Körper sehr lang, sie reichen bis zu den Knien oder sogar darunter.

GESICHT
Bigfoot hat schwere Brauenbögen und affenartige Nüstern, seine Augen können gelb oder grün schimmern.

GRÖSSE
Bigfoot wird über einen Meter breit, seine Haltung ist gebeugt, seine breiten Schultern hängen herab. Er wird 180 bis 200 kg schwer.

HAARE
Zu den typischen Erkennungsmerkmalen des Bigfoot gehört sein dichtes Haar. Meist ist es zottig und braun, doch ein paar Menschen haben rostrotes, schwarzes oder sogar glänzendes Haar beschrieben.

Das erschreckende affenartige Wesen soll in entlegenen Wäldern leben, doch es führt Forscher und Skeptiker seit 150 Jahren erfolgreich an der Nase herum. Der Bigfoot ist 2 m groß, seine Arme reichen bis zu seinen Knien herab und er kann Hunde und Haustiere mit Leichtigkeit wegtragen. Seit dem frühen 19. Jahrhundert wurden in den USA und Kanada mehr als 1600-mal Bigfoot oder seine Spuren gesichtet.

GIGANTOPITHECUS
Dieser Riesenaffe war der größte Primate, der je auf der Erde lebte. Fossilien zweier Arten wurden in Indien und China gefunden, sie sind mehr als eine Million Jahre alt. Forscher meinen, der Affe lebte auf dem freien Land. Sie wissen jedoch nicht, ober er aufrecht ging.

YETI
Auch wenn der Yeti, der Schneemensch des Himalaja, nur selten selbst gesehen wurde, sind viele Menschen seinen charakteristischen Spuren begegnet. Manche, die den Yeti gesehen haben, beschreiben ein Wesen mit blassem oder weißem Haar, andere berichten von einem dunkleren Fell und einem spitzen Kopf.

ALMA
Dieser „wilde Mann" Zentralasiens ist nachweislich kleiner als Bigfoot und weniger affenartig gebaut. Ende der 1950er-Jahre wertete Boris Porschnew die Berichte über Begegnungen mit Alma aus und kam zu dem Schluss, es müsse sich um Restbestände von Neandertalern handeln.

WO GIBT'S DAS?

Über 400 Berichte über Begegnungen mit Bigfoot stammen von der amerikanischen Westküste, aus Kalifornien, Oregon und Washington und aus der kanadischen Provinz British Columbia. Weitere Berichte kommen aus fast allen Teilen der USA und Kanadas.

WISSENSWERTES AM RANDE

- Viele Menschen, die aus nächster Nähe auf Bigfoot geschossen haben, berichten, dass das Wesen gegen Gewehrkugeln immun ist.
- 1995 wurde eine Probe von angeblichem Bigfoot-Haar zur DNS-Analyse an die Ohio State University geschickt. Bis heute sind die Ergebnisse unklar.
- Jäger berichten, ihre Hunde scheuen winselnd vor Bigfoot zurück.

ALIEN

KOPF
Der riesige Schädel enthält ein besonders gut entwickeltes Gehirn, dem die Aliens ihre technischen Entwicklungen und ihre telepathischen Fähigkeiten verdanken.

AUGEN
Aliens haben riesige mandelförmige Augen, die auf schlechte Lichtverhältnisse in ihrer Heimat schließen lassen.

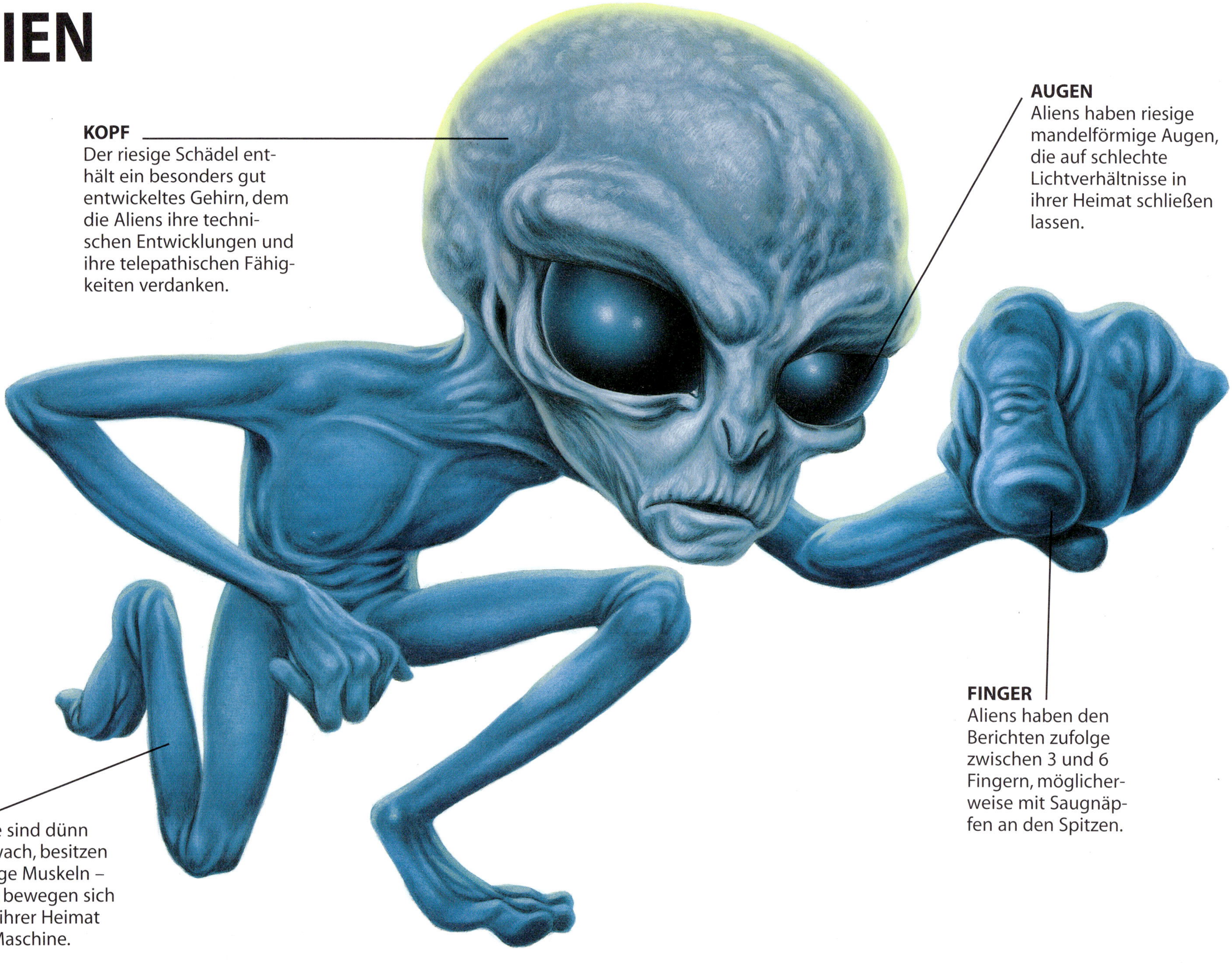

FINGER
Aliens haben den Berichten zufolge zwischen 3 und 6 Fingern, möglicherweise mit Saugnäpfen an den Spitzen.

BEINE
Die Beine sind dünn und schwach, besitzen nur wenige Muskeln – vielleicht bewegen sich Aliens in ihrer Heimat nur per Maschine.

Nach ungewöhnlich hellem Licht rings um sein Haus findet sich ein Mann auf dem Untersuchungstisch eines Alien-Raumfahrzeugs wieder, entführt von den Außerirdischen. Sie haben ihn mit einem fremdartigen Mittel gelähmt, und so kann er sich nicht bewegen, während sie ihn umringen. Geheimnisvoll und schweigend vollziehen sie ihre Arbeit an ihm. Statt mit Worten verständigen sie sich untereinander mit Gedankenbotschaften. Mit einem bizarr aussehenden Gegenstand untersuchen sie ihren hilflosen Gefangenen. Wenn die Aliens nicht ihre telepathischen Kräfte dazu verwenden würden, sein Gedächtnis zu blockieren, ehe sie ihn wieder vor seinem Haus aussetzen, würde er sich sein Leben lang an dieses entsetzliche und schmerzhafte Erlebnis erinnern.

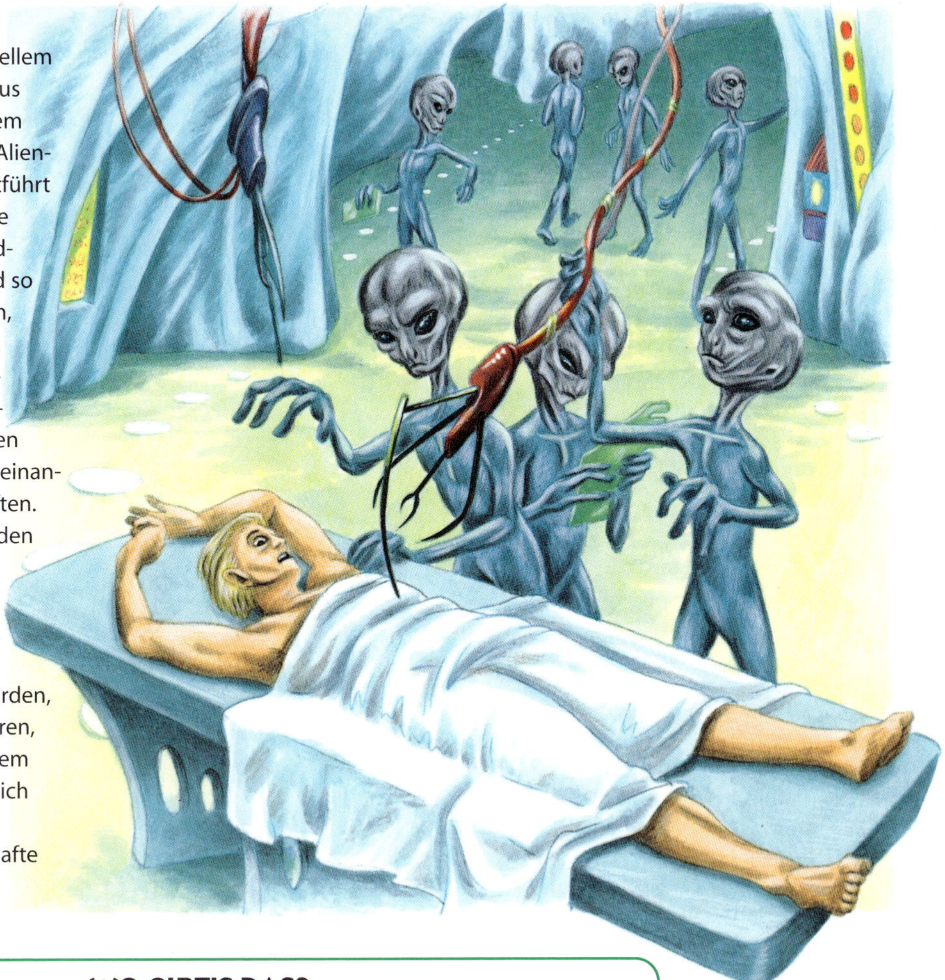

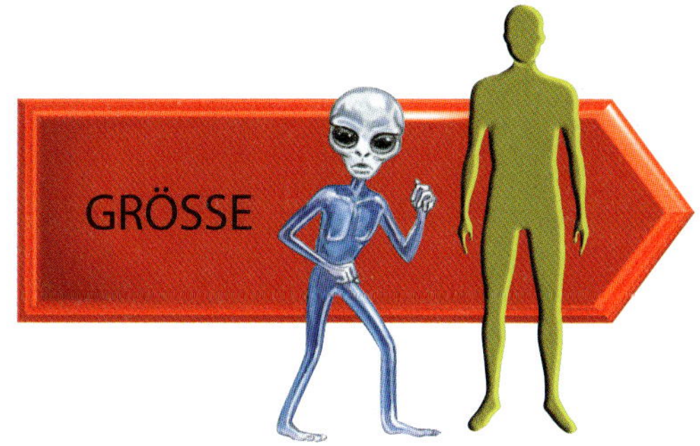

Die geheimnisvollen Aliens oder „kleinen grauen Männchen" sind Wesen von einem anderen Planeten, die unsere Welt regelmäßig in fliegenden Untertassen besuchen. Sie kidnappen Leute und benutzen sie für medizinische Tests. Im Juli 1947 zerschellte auf einer kleinen Farm in Roswell in New Mexico ein UFO (unbekanntes Flugobjekt). Zunächst erklärte das Militär, es hätte das Wrack eines Alien-Raumschiffs mit den Leichen der Besatzung geborgen. Später wurde dies dementiert, doch 1995 führte jemand etwas vor, von dem er behauptete, es sei gekauftes Filmmaterial, das die Autopsie zweier Aliens von diesem Absturz zeigte.

WO GIBT'S DAS?

Aliens wurden auf der ganzen Welt gesichtet, doch die beiden wichtigsten Stellen liegen in den USA: In Roswell in New Mexico soll ein UFO zerschellt sein, und in Zone 51, am Groom Dry Lake in Nevada, soll eine Regierungsstelle gefundene Alienausstattungen sammeln.

WISSENSWERTES AM RANDE

- Von Aliens Entführte berichten, die Aliens geben an, dass sie von einer ganzen Reihe von Plätzen im Weltall kommen. Doch die meisten nennen Zeta I oder Zeta II Reticuli – ein Sternensystem, das etwa 37,5 Lichtjahre von der Erde entfernt liegt.
- Experten klassifizieren die Begegnungen mit Aliens nach einer eigenen Skala, die von „Begegnung der ersten Art", also dem Sichten eines UFOs, bis zur „Begegnung der fünften Art" reicht, dem Erleben mehrfacher Kontakte mit Aliens und ihrem Raumfahrzeug.
- Eine Befragung in den gesamten USA ergab, dass rund fünf Prozent der Bevölkerung glauben, sie seien irgendwann in ihrem Leben von Aliens entführt worden.

HOPKINSVILLE-GOBLIN

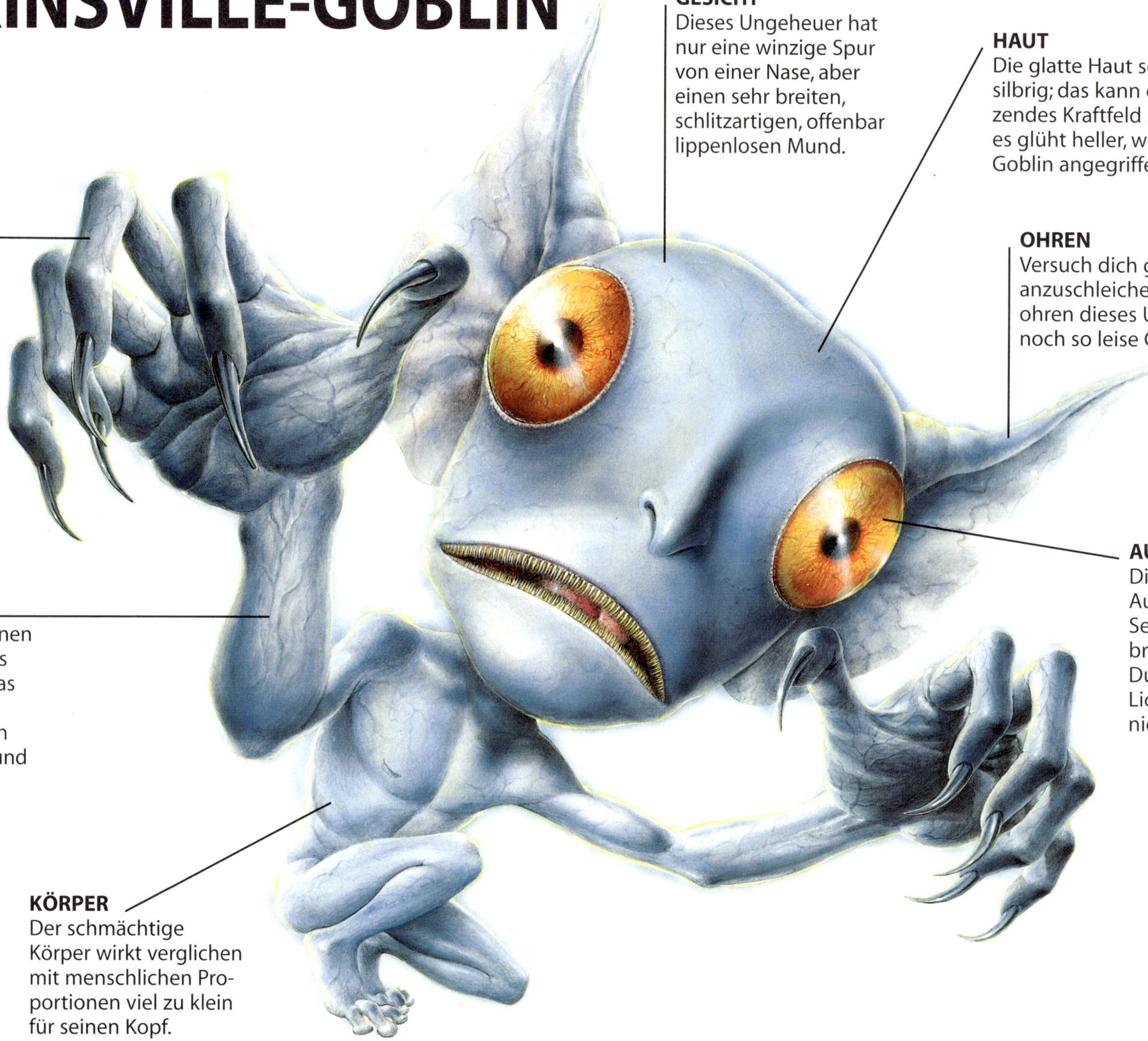

GESICHT
Dieses Ungeheuer hat nur eine winzige Spur von einer Nase, aber einen sehr breiten, schlitzartigen, offenbar lippenlosen Mund.

HAUT
Die glatte Haut schimmert silbrig; das kann ein schützendes Kraftfeld sein, denn es glüht heller, wenn der Goblin angegriffen wird.

FINGER
Die knochigen Finger tragen lange Krallen wie ein Raubvogel und könnten eine Menge Schaden anrichten, falls die Goblins eines Tages böse würden.

OHREN
Versuch dich gar nicht erst anzuschleichen; die Fledermausohren dieses Untiers hören jedes noch so leise Geräusch.

AUGEN
Die vorstehenden Augen an den Seiten des Kopfes brennen hell im Dunkeln. Zu viel Licht vertragen sie nicht.

ARME
Die langen und dünnen Arme reichen fast bis zum Boden, wenn das Geschöpf aufrecht steht, sodass es rasch auf alle viere fallen und sich im Unterholz in Sicherheit bringen kann.

KÖRPER
Der schmächtige Körper wirkt verglichen mit menschlichen Proportionen viel zu klein für seinen Kopf.

1 Auf der Lauer liegend, entdeckt Elmer Sutton einen Goblin, der auf einem Baum sitzt. Er legt an und bläst ihn mit seinem Gewehr vom Ast.

2 Doch statt zu Boden zu fallen, fängt sich das Wesen mitten in der Luft und gleitet auf seinen entsetzten Angreifer zu, ehe es im Unterholz verschwindet

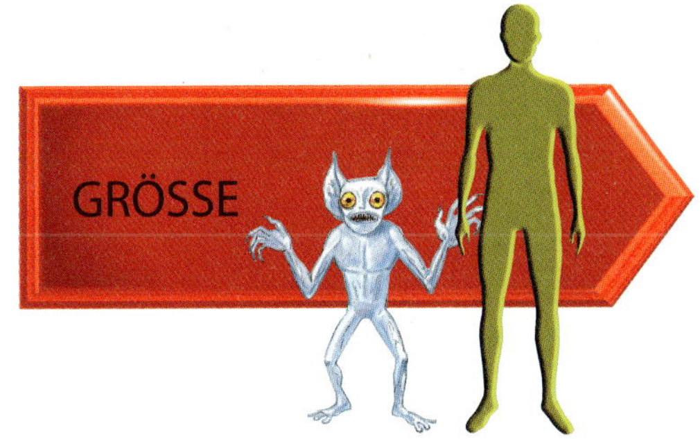

Alien oder übernatürliches Wesen? Niemand weiß, woher der Hopkinsville-Goblin kommt, doch Elmer Sutton sah einen so klar auf einem Baum auf seiner Farm in Kentucky, dass er auf ihn schießen konnte. Auch die Cherokee-Indianer der Gegend kennen nächtliche Besucher, die gut auf Suttons Beschreibung passen. Goblins (Kobolde) gibt es bereits in Legenden aus sehr alter Zeit. Sie gelten als Unglücksbringer, verstecken sich in unterirdischen Höhlen, hohlen Bäumen oder rings ums Haus und kommen nachts hervor, um Menschen zu erschrecken. Manche Kobolde gelten als von Natur aus böse.

WO GIBT'S DAS?

Die einzige dokumentierte Begegnung mit dem Hopkinsville-Goblin fand auf der Suttons-Farm bei Kelly statt, die ein wenig nördlich von der Stadt Hopkinsville im südwestlichen Kentucky liegt.

WISSENSWERTES AM RANDE

- Die Behörden durchkämmten die Gegend rund um die Farm, doch die einzigen Hinweise auf die Begegnung waren Löcher der Gewehrkugeln; ein Polizist sah allerdings einen blass schimmernden Flecken auf dem Gras, auf das der Goblin gefallen war.
- Die Cherokee-Indianer der Gegend berichten von lichtscheuen Wesen mit weit auseinander stehenden Augen, die vertrieben werden mussten, sobald einer ihrer Stämme in neue Jagdgründe zog. Eigenartige Humanoiden hat es also schon zuvor gegeben.

TEUFEL VON JERSEY

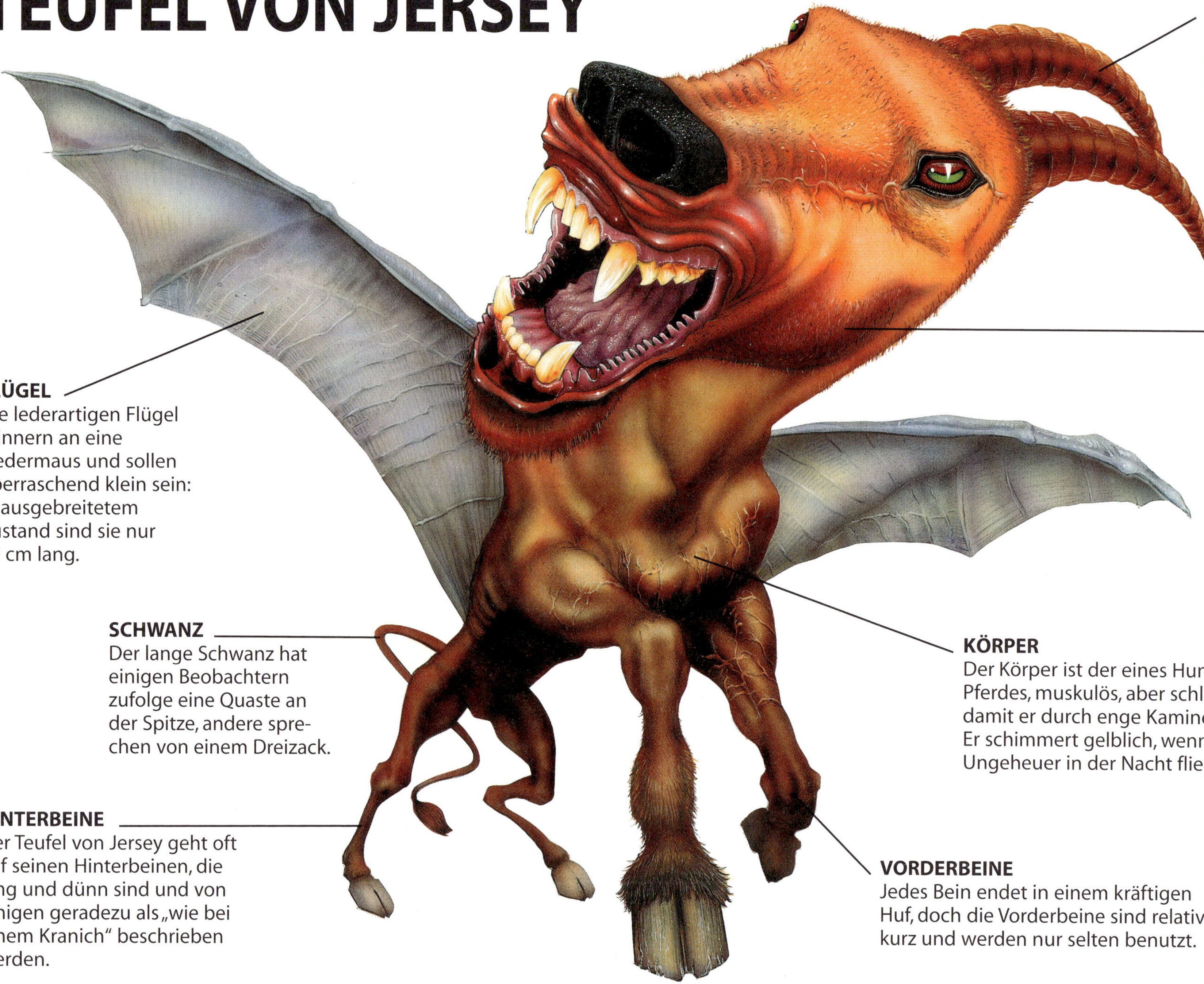

HÖRNER
Ziegenhörner zieren den Kopf des Wesens und verstärken sein teuflisches Aussehen.

KOPF
Der Kopf ist der eines Esels, hat aber die Schnauze und Zähne eines Hundes. Sein Zahnfleisch ist vergammelt und sein Atem so faulig, dass Milch davon sauer wird und Fische in Flüssen und Seen sterben.

FLÜGEL
Die lederartigen Flügel erinnern an eine Fledermaus und sollen überraschend klein sein: in ausgebreitetem Zustand sind sie nur 65 cm lang.

SCHWANZ
Der lange Schwanz hat einigen Beobachtern zufolge eine Quaste an der Spitze, andere sprechen von einem Dreizack.

KÖRPER
Der Körper ist der eines Hundes oder Pferdes, muskulös, aber schlank, damit er durch enge Kamine passt. Er schimmert gelblich, wenn das Ungeheuer in der Nacht fliegt.

HINTERBEINE
Der Teufel von Jersey geht oft auf seinen Hinterbeinen, die lang und dünn sind und von einigen geradezu als „wie bei einem Kranich" beschrieben werden.

VORDERBEINE
Jedes Bein endet in einem kräftigen Huf, doch die Vorderbeine sind relativ kurz und werden nur selten benutzt.

Das Sumpfland von New Jersey war nie sehr einladend und Bewohner der Gegend berichten über eigenartige Dinge und schrille Schreie in der Nacht. Viele sagen, da draußen ist etwas Böses. Dieses unerklärliche Untier mit fledermausartigen Flügeln und pferdeähnlichem Kopf erschreckt die Leute seit mehr als 200 Jahren. Der Teufel kommt in der Nacht und tötet wilde Tiere und Haustiere und entführt kleine Kinder. Im Januar 1909 gaben innerhalb einer einzigen Woche mehr als 1000 Menschen an, den Teufel von Jersey gesehen zu haben – Hausfrauen, Polizisten, Behörden. Die Berichte waren sehr ähnlich und die lokalen und überregionalen Zeitungen sahen sich gezwungen, die Geschichte ernst zu nehmen.

WO GIBT'S DAS?

Der Teufel von Jersey wurde mehrmals in den Pine Barrens in New Jersey gesehen, einem 4400 Quadratkilometer großen sumpfigen Gebiet mit Fichtenwäldern. Doch auch in allen anderen Teilen des Staates New Jersey erschien er, seltener auch jenseits der Grenze.

Von Hunger getrieben, verlässt der Teufel von Jersey seinen sumpfigen Wohnplatz und fliegt als schimmernder Schatten am nächtlichen Himmel zur nächsten Stadt. Er kreist über den Dächern, bis er einen passenden Kamin findet. Elegant schießt er hinab. Feuer und Rauch machen ihm nichts aus, und so platzt er in die Küche hinein, nicht ohne ein paar brennende Holzscheite mitzunehmen. Ein Dienstmädchen kreischt auf, als sie dieses Gespenst sieht, und beobachtet beunruhigt, wie es zur Speisekammer geht. Sie hofft, dass das Baby oben ruhig schläft, denn ein einziger Schrei könnte das Tier auf einen anderen Geschmack bringen.

WISSENSWERTES AM RANDE

- 1909 setzte der Zoo von Philadelphia eine Belohnung von 10.000 Dollar für die Gefangennahme des Teufels aus. Das führte zu einigen fantasievollen Betrugsversuchen wie einem bemalten Känguru mit falschen Flügeln, doch die Belohnung ist bis heute offen.

- Als 1957 die verwesenden Überreste eines eigenartigen, teuflischen Geschöpfes in Pine Barrens gefunden wurden, glaubten viele, der Teufel von Jersey sei tot. Doch seither haben ihn mehrere Menschen gesehen.

UNGEHEUER VON LOCH NESS

HALS
Wie einige Pleiosaurier soll auch Nessie einen langen biegsamen Hals besitzen – ideal, um fliehende Fische zu verfolgen.

FLOSSEN
Je ein Flossenpaar vorn und hinten treiben Nessie durch das Wasser wie einen Pinguin oder eine Schildkröte.

KOPF
Nach vorne zeigende Augen helfen dem Ungeheuer bei der Jagd auf Fische. Nessie muss auch zahlreiche nadelscharfe Zähne besitzen, um seine schlüpfrige Beute zu packen.

SCHWANZ
Ein stummeliger Schwanz war typisch für Pleiosaurier.

1 Manche Leute halten Nessie für den prähistorischen Wal Zeuglodon (oder Basilosaurus), der vor 18 Millionen Jahren ausgestorben sein soll. Sie sagen, Nessie habe auf hoher See die letzte Eiszeit überlebt und sich dann an das kalte Wasser von Loch Ness gewöhnt, wo sein Tran es warm hält.

3 In Loch Ness leben Bachforellen, Wandersaiblinge, Hechte und Millionen Aale, die bis zu 2 m lang werden. Viele Menschen, die in der Nähe des Lochs wohnen, glauben, Nessie ist nur ein besonders großer Aal.

2 Riesige Störe schwimmen manchmal den Fluss Ness hinauf ins Loch, um Nahrung oder Partner zu suchen. Sie werden mehrere Meter lang und haben eindrucksvolle Knochenhöcker auf ihrem Rücken. Sie könnten hinter vielen Nessie-Beschreibungen stehen, vor allem, wenn man sie beim Jagen von Lachsen nahe der Oberfläche weit entfernt vom Ufer beobachtet.

Der Legende nach lauert schon lange etwas in den finsteren Tiefen von Loch Ness – und seit den 1930er-Jahren haben Tausende Menschen hier angeblich ein buckliges langhalsiges Ungeheuer gesehen. Manche behaupten, das Ungeheuer von Loch Ness sei eigentlich ein Dinosaurier, dessen Art bis heute in den kalten schottischen Gewässern überlebt. Andere halten die ganze Monstergeschichte nur für einen Mythos, den Leute mit zu viel Fantasie erfunden haben. Wie dem auch sei, Tatsache bleibt, dass viele Menschen behaupten, sie hätten das Monster gesehen. Und so wurde „Nessie" zur Touristenattraktion.

WO GIBT'S DAS?

Loch Ness gehört zu einer Kette von Lochs, Flüssen und Kanälen im Great Glen, einer geologischen Falte, die quer über das schottische Hochland von der Nordsee zum Atlantik verläuft. Der Fluss Ness verbindet das Loch mit der Nordsee.

WISSENSWERTES AM RANDE

- Vor 1930 gab es keinen einzigen Bericht über eine Sichtung von Nessie.
- Einige der Begegnungen mit Nessie fanden an Land statt. So berichtete am 22. Juli 1933 ein Ehepaar Spicer, dass ein Ungeheuer die Straße vor ihnen überquert habe, während sie im Auto am Loch entlangfuhren.
- Wissenschaftler, die an die Existenz des Ungeheuers von Loch Ness glauben, haben ihm bereits einen lateinischen Namen gegeben: *Nessitera rhombopteryx*.

MOTTENMANN

FLÜGEL
Sie haben eine Spannweite von drei Metern, doch niemand konnte sagen, ob sie lederig oder gefiedert waren.

AUGEN UND GESICHT
Die Augen waren so groß und rot, dass sie alle weiteren Gesichtszüge überstrahlten. Der Mottenmann hat nie jemanden angegriffen, doch manche sagen, sein starrer Blick ließ ihre Augen noch tagelang nachher tränen.

KÖRPER
Die meisten Augenzeugen beschreiben seinen Körper als grau, manche auch als faltig.

Seit ihrer Errichtung 1928 hat der ständige dichte Verkehr die Brücke geschwächt, und plötzlich gibt sie nach und lässt Autos und Lastwagen in das eisige schwarze Wasser darunter stürzen. Während die Schreie der verzweifelten Menschen, die im Fluss ertrinken, verhallen, kreist der Mottenmann ungesehen darüber und beobachtet in aller Ruhe die schreckliche Szene. Dann fliegt er davon und wird nicht mehr gesehen.

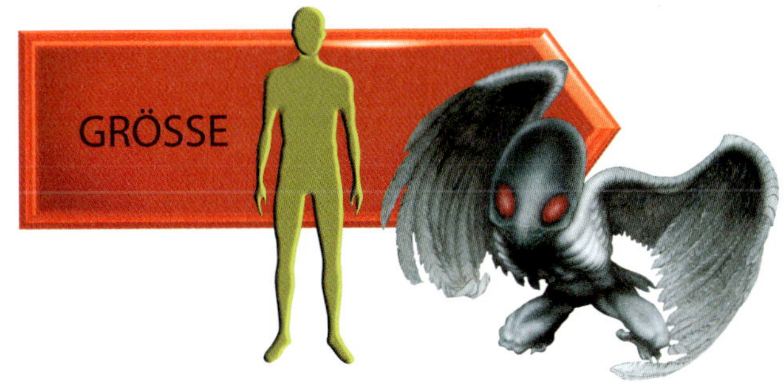

Mitte der 1960er-Jahre versetzte ein bizarrer Vogelmensch mit rotglühenden Augen eine Kleinstadt in den USA in Panik. Er hatte einen hypnotischen starren Blick, löste in allen, die es sahen, große Furcht aus und galt als Unglücksbote. Zeugen zufolge war er größer als ein Mensch, hatte graue Haut, keine Arme, große Schwingen, die er gefaltet im Rücken trug, wenn er am Boden stand. Zum Abheben faltete er die Flügel auseinander und schoss in die Luft, ohne Flügelschlag. In einer eisigen Nacht im Dezember 1967 brach in Point Pleasant die Silver Bridge über den Ohio mitten im Berufsverkehr ein und tötete 46 Menschen. Monsterjäger machen den Mottenmann dafür verantwortlich.

WO GIBT'S DAS?

Mehr als hundert Personen erklärten zwischen November 1966 und Dezember 1967 in und rings um die Industriestadt Point Pleasant in West Virginia, sie hätten den Mottenmann gesehen. Die meisten waren junge Paare, die sich im Auto küssten.

WISSENSWERTES AM RANDE

- Der Mottenmann wurde erstmals 1961 in Point Pleasant von zwei Leuten gesichtet, die an Chief Cornstalks Jagdgründen vorüberfuhren, einem Park, der nach einem Shawnee-Indianer benannt wurde, der hier im Kampf gegen die Briten 1774 starb. Seither soll Cornstalk hier gespukt haben. Kein Wunder, dass er mit dem Mottenmann in Verbindung gebracht wurde.
- Eine Frau, die dem Mottenmann begegnete, ließ vor Schreck ihr Baby fallen (es blieb unverletzt).
- In vielen Ländern gibt es traditionell Vogelmenschen, die Unglück bringen.

REPTOID

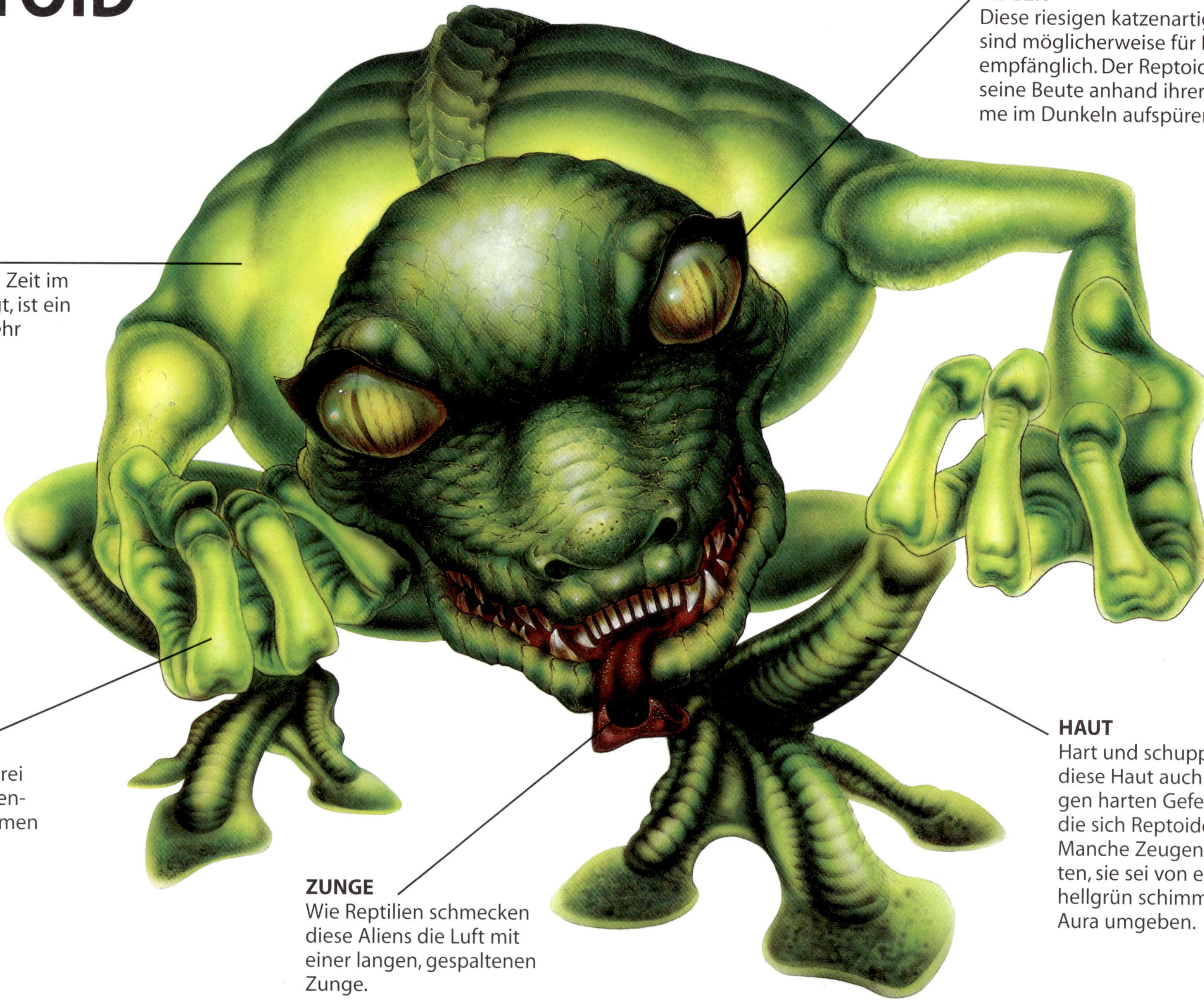

AUGEN
Diese riesigen katzenartigen Augen sind möglicherweise für Infrarotlicht empfänglich. Der Reptoid kann damit seine Beute anhand ihrer Körperwärme im Dunkeln aufspüren.

MUSKELN
Obgleich er viel Zeit im Weltall verbringt, ist ein Reptoid stets sehr muskulös.

HÄNDE
Sie haben nur drei Finger und gegenüber einen Daumen zum Greifen.

ZUNGE
Wie Reptilien schmecken diese Aliens die Luft mit einer langen, gespaltenen Zunge.

HAUT
Hart und schuppig, hält diese Haut auch die langen harten Gefechte aus, die sich Reptoide liefern. Manche Zeugen behaupten, sie sei von einer hellgrün schimmernden Aura umgeben.

Diese Schuppenmonster scheinen besonders gern Menschen und Tiere zu entführen – achte also gut auf den Himmel. Manche Leute glauben, sie seien Aliens, andere halten sie für Nachkommen der Dinosaurier. Jedenfalls hinterließen sie eine Spur schrecklich verstümmelter Tiere quer durch die USA. Reptoide sind nicht nur brutal und gewalttätig, sondern auch hochintelligent. Manche fürchten, dass sie eines Tages unseren Planeten steuern und Menschen versklaven.

2 Am nächsten Tag findet er seine Kuh ohne Innereien, Augen und Zunge – und ohne einen Tropfen Blut. Der Sheriff weigert sich trotz dieser Beweise, seine Geschichte zu glauben.

WO GIBT'S DAS?

Reptoide wurden in der ganzen Welt beobachtet, doch am aktivsten sind sie in den menschenärmeren Zonen der USA. Warum die Reptoiden diese Zonen bevorzugen, ist unbekannt, doch offenbar wollen sie ohne Störung durch die Behörden vorgehen.

WISSENSWERTES AM RANDE

- Manche Experten meinen, Reptoide hielten Blut und Innereien von Kühen für eine Delikatesse. Andere denken eher, sie verwenden Kühe als Organspender.
- Von Aliens Entführte behaupten, die Reptoiden kämen vom Sternbild Draco.
- Einige UFOlogen glauben, die Reptoiden vermeiden es, Verdacht zu erregen, indem sie ihre Invasionstruppen sicher zwischen Sternen in einem gewaltigen Raumschiff transportieren, das als Planet getarnt ist.

YETI

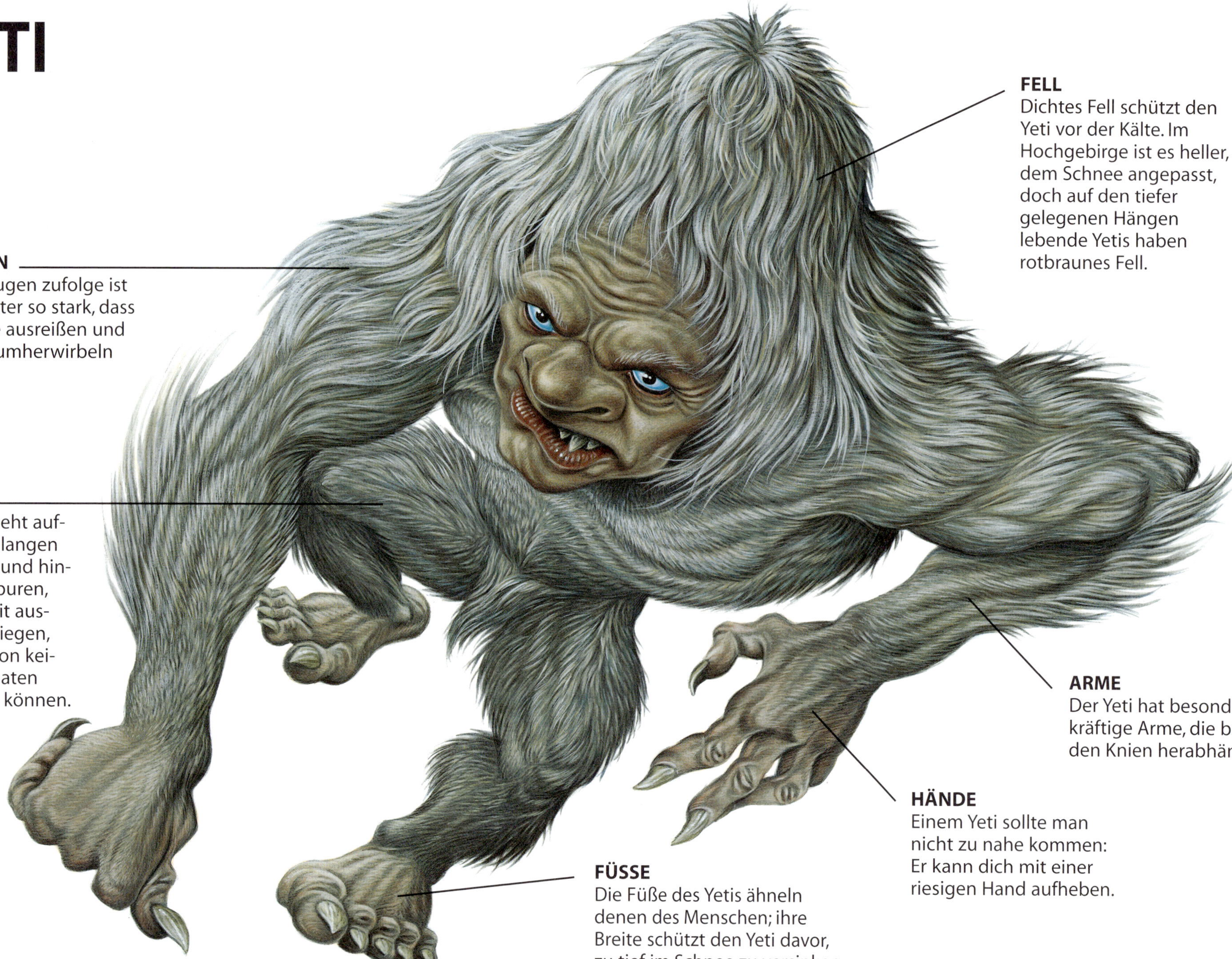

MUSKELN
Augenzeugen zufolge ist das Monster so stark, dass es Bäume ausreißen und Stämme umherwirbeln kann.

BEINE
Der Yeti geht aufrecht mit langen Schritten und hinterlässt Spuren, die so weit auseinanderliegen, dass sie von keinem Primaten stammen können.

FELL
Dichtes Fell schützt den Yeti vor der Kälte. Im Hochgebirge ist es heller, dem Schnee angepasst, doch auf den tiefer gelegenen Hängen lebende Yetis haben rotbraunes Fell.

ARME
Der Yeti hat besonders kräftige Arme, die bis zu den Knien herabhängen.

HÄNDE
Einem Yeti sollte man nicht zu nahe kommen: Er kann dich mit einer riesigen Hand aufheben.

FÜSSE
Die Füße des Yetis ähneln denen des Menschen; ihre Breite schützt den Yeti davor, zu tief im Schnee zu versinken.

Spuren von übergroßen Fußabdrücken sind oft der einzige Hinweis auf die Anwesenheit dieses haarigen Wesens, das die einsamen Hänge des Himalaja durchstreift. Eingeborene Sherpas und ausländische Bergsteiger haben seine riesige gebeugte Gestalt über den Schnee laufen sehen. Die Sherpas achten stets auf ihre Umgebung und weichen aus, wenn sie einen der riesigen Fußabdrücke des Yetis finden. Yetis sind territoriale Wesen und töten und fressen alle, die in ihr Gebiet eindringen. Den Beschreibungen der Bergbewohner zufolge gibt es verschiedene Arten von Yetis; die größten werden bis zu 4,50 Meter groß.

Hoch im Himalaja sucht ein verirrter einsamer Bergsteiger verzweifelt nach einem Weg zurück in die Zivilisation. Doch während er blind durch den Schnee stapft, stolpert er einem Yeti über den Weg. Heulend vor Zorn stürzt sich das Untier auf ihn und packt den Bergsteiger am Arm, erzürnt, dass ein Fremder in sein Territorium eingebrochen ist. Dann geht er mit ihm auf einen Abgrund zu, lässt sein unglückliches Opfer an seinem Arm baumeln, ehe er den Bergsteiger loslässt, sodass er auf den Felsen in der Tiefe zerschellt.

WO GIBT'S DAS?

Der Yeti kommt im Himalaja vor, wobei die meisten in Nepal, Bhutan und Tibet gesichtet wurden. Einige Enthusiasten verbinden den Yeti auch mit ähnlich aussehenden Wesen wie dem nordamerikanischen Bigfoot.

WISSENSWERTES AM RANDE

- 1961 erklärte die nepalesische Regierung offiziell, es gebe Yetis. Anschließend bot sie allen Jägern, die entschlossen und reich genug waren, dem Wesen in seiner Heimat im Himalaja aufzulauern, für 10.000 US-Dollar einen Jagdschein an.
- Sherpas meinen, der Yeti sei eine Nebenerscheinung von ein oder zwei Tropfen Alkohol.
- Die beste Art, einem Yeti zu entfliehen, ist bergab zu laufen. Der Yeti wird durch die langen Haarsträhnen geblendet, die ihm ständig ins Gesicht fallen und seine Augen verdecken.
- Manche glauben, der Yeti hat zusätzliche, durchsichtige Augenlider, die seine Augen in Blizzards schützen.
- „Yeti" ist tibetanisch und bedeutet „magisches Geschöpf". Die Nepalesen kennen Yetis auch als „Rakshas", als Dämon. Die Chinesen und Russen nennen ihn „Alma", während ein weiterer tibetanischer Name des Wesens, „Metoh-Kangmi", oft übersetzt wird als „Schneemensch".

YOWIE

KOPF
Der Yowie zerfleischt seine Beute mit seinen starken gebogenen Eckzähnen. Bei Kunstlicht leuchtet seine Iris rot – die Augenstruktur eines Raubtiers.

ARME
Das Ungeheuer schleudert Felsen durch die Luft und zieht mit seinen muskulösen Armen und riesigen Händen kleine Bäume aus dem Boden.

HAARE
Den Körper des Yowie überzieht dickes Fell, dessen Farbe zwischen rotbraun und fast schwarz variiert.

FÜSSE
Der Yowie kann dreimal so schnell rennen wie ein Mensch, wobei seine langen Zehen charakteristische Spuren im Schmutz hinterlassen.

Ein Ehepaar schläft friedlich in seinem neuen Haus, blind und taub für die Außenwelt. Der kleine Hund der Frau bleibt draußen und streunt im Garten umher. Da hört er ein Rascheln im Gebüsch. Plötzlich kommt eine riesige Gestalt hervor, der Hund fängt wild an zu bellen. Am nächsten Morgen ist alles still. Nach dem Frühstück will die Frau ihren kleinen Liebling füttern. Doch sie ruft vergeblich. Beide machen sich auf die Suche. Ihr Mann findet ein zerrissenes, blutiges Halsband. Offenbar hat der Yowie den kläffenden Terrier als Zwischenmahlzeit verspeist.

Der Yowie, riesig, haarig und scheu, versteckt sich meist in einigen besonders unzugänglichen Gebieten von Australien. Er macht nachts Jagd auf Kängurus und andere Tiere im Busch, ehe er ihnen den Kopf abreißt. Er kann im offenen Gelände erstaunlich rasch laufen, wobei er Gräben und Bäche überspringt. Manchmal wandert er in die Nähe menschlicher Behausungen, wo er Menschen aus der Nähe beobachtet. Wird er gestört, dann stampft er mit den Füßen, schlägt sich auf die Brust und schüttelt Bäume, bis sie krachen. Manchmal greift er an, mit markerschütterndem Geschrei und Gebrumm, seine langen Zähne zeigend und mit einem Geruch aus dem Mund nach vergammeltem Fleisch und faulen Eiern, der so stark ist, dass dir davon schlecht wird. Manchmal greift er Autos an oder wirft Felsen darauf, und Farmer haben den Yowie schon beim Fressen von geschlachtetem Vieh ertappt.

WO GIBT'S DAS?

Im 20. und 21. Jahrhundert wurden Yowies am häufigsten im Osten von Australien gesichtet, besonders in den Hügeln und Wäldern der Great Dividing Range, die sich von Queensland bis hinunter nach Victoria erstreckt.

WISSENSWERTES AM RANDE

- Als 1971 ein Team von Beobachtern der Royal Air Force per Hubschrauber auf einem entlegenen Berggipfel landete, fanden sie frische Yeti-Spuren im Boden.
- Wo die Beutetiere des Yowies rar werden, wurde schon beobachtet, dass er am Rande von Autobahnen nach überfahrenen Tieren suchte.
- Yowies sind ungeheuer stark, und ein entschlossenes Individuum brachte es sogar fertig, einen fahrenden Jeep umzuwerfen.

REGISTER